携手·深耕·共赢

——高等职业教育实践育人探索

柴草 著

东北师范大学出版社

·长春·

图书在版编目（CIP）数据

携手·深耕·共赢：高等职业教育实践育人探索 / 柴草著. —长春：东北师范大学出版社，2022. 10
ISBN 978 - 7 - 5681 - 9647 - 5

Ⅰ．①携… Ⅱ．①柴… Ⅲ．①高等职业教育—教育工作—研究 Ⅳ．①G718.5

中国版本图书馆 CIP 数据核字（2022）第 193407 号

□责任编辑：肖 丹 □封面设计：优盛文化
□责任校对：肖 丹 □责任印制：许 冰

东北师范大学出版社出版发行
长春净月经济开发区金宝街 118 号（邮政编码：130117）
电话：0431-85690289
网址：http://www.nenup.com
东北师范大学音像出版社制版
石家庄汇展印刷有限公司印装
河北省石家庄市栾城区樊家屯村人大路与长安街西行 300 米路南
2022 年 11 月第 1 版　2023 年 1 月第 1 次印刷
幅面尺寸：170mm×240mm　印张：10. 75　字数：205 千

定价：68.00 元

基金项目＋课题立项编号

1.东莞职业技术学院教育部"双高计划"、"提质培优"建设任务阶段性研究成果。

2.广东省教育科学"十三五规划 2020 年度研究项目区域资历框架下高职专业群 1＋X 证书制度实施路径研究"（2020GXJK535）主持人：柴草。

3.广东省教学质量与教学改革工程 2018 年度教改项目"从融合到共生——高职顶岗实习管理创新实践"（GDJG2019003）主持人：柴草。

4.东莞职业技术学院 2020 年度教学改革重点项目"区域资历框架下高职专业群 1＋X 证书制度实施路径研究"（JGZD202027）主持人：柴草。

5.东莞职业技术学院 2018 年度教学成果培育项目"连接、融合、共赢——高职顶岗实习管理创新实践"（CGPY201802）主持人：柴草。

6.东莞职业技术学院 2020 年度校级质量工程项目"东莞职业技术学院顶岗实习操作指南"（BZYZ202008）主持人：柴草。

前　　言

　　近年来，职业教育快速发展，国务院陆续印发《关于深化产教融合的若干意见》《国家职业教育改革实施方案》《关于推动现代职业教育高质量发展的意见》等系列文件，旨在深化职业教育改革，打通产业转型升级与人才供给的最后一米鸿沟，构建纵向贯通、横向融通的中国特色现代职业教育体系。

　　东莞职业技术学院自2009年建校以来，秉承"服务学生成长，支撑东莞制造"的宗旨，积极融入"双区"建设，通过创新产教融合实现形式、开发校企合作模式、专业群改革等举措，稳步推进东莞"五大支柱，四大特色"产业对接省"双十"产业集群工作，持续推动产业结构转型升级，在东莞打造"技能人才之都"、建设"湾区都市，品质东莞"战略中不断探索，主动作为。近年来，学校依托国家"双高""提质培优"建设任务，在推动政校行企协同、专业群建设、顶岗实习管理、资历框架与"1＋X证书"制度建设等方面持续发力，努力打造技术技能人才培养高地，成果成效显著。

　　本书成稿得到学校党委、校领导的高度重视与大力支持，以及教务处、继续教育学院领导及相关部门的具体指导和协助。作者入职东莞职业技术学院十余年，先后在电子工程系、教务处工作，现任继续教育学院副院长，有幸参与了学校示范校、一流校、"双高"、"提质培优"等建设任务，在职业教育改革大潮中不断探索和创新，积累了丰富的理论成果和实践经验。本书拟聚沙成塔，连点成线，结合作者岗位工作经历和经验积累，对实践育人工作进行体系化梳理和阶段性归纳提炼，以求管窥学校教育教学改革全貌。本书内容含理论研究成果和实践总结两部分，第一部分为实践育人的理论基础，主要包括校企协同育人机制的建构与生成、"双高"视域下的高职专业群建设、实践育人模式研究三章内容；第二部分为东莞职业技术学院实践育人新景观，主要包括"政校行企协同，服产学用一体"——省示范校建设成果、专业群改革实践、顶岗实习管理与质量监控改革实践、现代学徒制改革实践、资历框架与"1＋X证书"改革实践五章内容。因作者的学识和水平有限，书中表述的理念、观点、数据等不当之处敬请指正。

柴草

2022年4月

目　录

理论篇　实践育人的理论基础

实践篇　东莞职业技术学院实践育人新景观

理论篇　实践育人的理论基础

第一章　校企协同育人机制的建构与生成

第一节 "多中心" 治理视野下的职业教育合作治理研究

治理理论的核心即多中心。由于政府的有限理性，传统以政府为主导的职业教育"单中心"管理存在着难以消弭的局限性。推动职业教育治理模式由一元向多元合作治理转变，是职业教育治理能力现代化的现实要求和改革方向。加强职业教育多中心合作治理，首先要明确政府、学校、行业、企业等主体的地位，应以多中心治理理论为指导，重塑各主体的职能，创设有效政府，加快政府职能转换；建设有为学校，推进职业院校职能蜕变；构建有位行业，推动行业组织由虚位到实位；打造有责企业，促进企业职能回归。

"多中心"治理是兴起于 20 世纪下半叶的一种社会治理理论，在欧美发达国家的社会治理实践中，"多中心"治理被证明是一种有效的社会治理模式。21 世纪以来，"多中心"合作治理的理论和实践逐渐延伸到全球社会公共事务的各个领域，尤其是在职业教育领域的应用过程中取得了超出预期的成效，大有成为职业教育治理新趋势的迹象。就我国而言，在职业教育治理主体多元化、产教融合方兴未艾的大背景下，构建职业教育"多中心"治理模式不仅仅是我国职业教育实现现代化、内涵式发展的必由之路，同时体现了党中央、国务院深化职业教育管理体制机制改革的基本要求。2014年，国务院印发的《国务院关于加快发展现代职业教育的决定》更是明确提出职业院校要"完善治理结构，提升治理能力，建立学校、行业、企业、社区等共同参与的学校理事会或董事会"。对我国的职业教育发展而言，实现"多中心"治理是一项具有战略意义的重大举措，相应地，深入分析研究"多中心"治理视野下的职业教育各治理主体的职能定位和治理的方向，就成为一项极具现实指导意义的课题。

一、职业教育多中心合作治理的内涵

二十世纪下半叶，发达资本主义国家在社会治理层面遭遇的困境愈发明显，催生了"多中心"治理理论的诞生和发展。美国政治学家奥斯特罗姆夫妇经过长期的社会实证调研发现，无论是以政府为核心还是以市场为核心的"单中心"治理模式都存在明显弊端：政府行政管理权的强势和泛化通常导致市场经济活力降低，社会僵化；过于依赖市场调节则往往造成市场经济秩序的混乱、社会生活的失序。为解决政府或市场在公共事务领域治理失灵的问题，奥斯特罗姆夫妇从理论层面构建了基于政府、市场、社会三维框架下的"多中心"治理模式。所谓"多中心"治理就是建立多个而非单一的权力架构和组织单元来治理公共事务，提供公共服务，并注重社会治理参与主体的多元性和互动性，其中自发秩序和自主治理共同构成了多中心治理模式的逻辑基础。多中心治理的核心特征是把一定范围内公共事务的规则制定权和执行权分配给既相互制约、又相互独立的多元管理主体，通过促进社会多元管理主体的协同合作、共同参与来实现公共事务治理的内部化和社会化。

职业教育"多中心"合作治理是"多中心"治理理论在职业教育领域的应用和延伸。实施职业教育"多中心"合作治理就是要打破我国长期以来以政府为单一主体、以行政指令为主要驱动力的职业教育管理体制，构建包括政府、职业学校、行业企业、社会组织等在内的多元合作的治理架构，在一定制度规则的约束下，共同行使职业教育治理权，共同参与职业教育发展的决策制定过程和决策执行过程，从而促进职业教育治理结构的多元化和治理体系的民主化。实际上，构建职业教育"多中心"治理模式既是新时期我国社会形态的内在变化决定的，又是职业教育现代化发展的客观规律决定的。21世纪以来，随着社会生活的多元化和社会阶层的分化，本身就具有跨界属性的职业教育逐渐发展为一个多元性、多层次性、多域性并存的复杂体系。在这样的形势下，传统的以政府为核心的一元化职业教育管理体制越来越不能满足人民群众日益增长的职业教育需求，也难以适应复杂多元的职业教育体系实现善治的现实需要，于是，构建以多元化治理为特征的"多中心"合作治理模式便成为职业教育创新治理模式、完善治理制度的必然选择。

二、"多中心"合作治理：职业教育治理现代化的必由之路

（一）传统职业教育"单中心"管理模式的局限性

我国传统的职业教育治理模式无论是在治理理念上还是治理实践上，都有着较为明显的计划经济时代的痕迹。在计划经济时代，一切重要的宏观经济活动都依赖政府事先制定的计划来进行，如整个社会的产品生产、资源分配都直接受到行政指令的支配，行政力量就是社会公共事务管理的决定性力量。改革开放以后，尽管我国在经济领域建立起了市场化的管理体制，部分公共产品供给、公共服务领域也进行了一定程度的市场化改革，但职业教育领域的管理体制改革则要迟缓得多。近年来，在中央大力推动政府职能转变的背景下，各级地方政府下放了部分权力，职业院校的办学自主权有所增加，但总体而言，依靠行政指令推动、实施集中统一管理仍然是今天我国职业教育管理体系的主要特征。不可否认，政府统管职业教育的"单中心"管理模式曾经为我国职业教育实现跨越式发展做出了不可磨灭的贡献，但其存在的弊端也十分明显。第一，管理的高成本与低效率并存。政府是职业教育发展过程中的绝对主导者，在整个职业教育公共服务领域中占据着"垄断者"的角色，既缺乏竞争压力，又欠缺刚性约束，导致政府部门在管理职业教育的过程中既缺乏成本控制的意识，又欠缺精细化管理的动力，常常引发过度投资、资源浪费等问题，人为推高了职业教育的供给成本。不仅如此，职业教育管理涉及的事务众多，政府不得不设置多个部门来分担管理压力，在部门和人员设置刚性约束不足的情况下，又常常引发机构臃肿、人员超编、政出多门、协调困难等问题，从而降低了职业教育系统的运作效率。第二，削弱办学主体活力。政府之所以能够对职业教育实现全方位的管控，根本在于各级政府牢牢掌握着职业教育办学的人权、事权和财权，这三大权力的缺失使得职业院校制定任何重大决策，都必须经过地方政府或者教育主管部门"点头"，否则就寸步难行。在这样的格局下，职业教育最直接的利益相关主体——学校和企业总是处于观望、等待政府出台政策和明确表态的状态之中，所有的决策和行为都希望有政府的主导和指令。于是，远离办学和教育第一线的政府成了职业教育舞台上最具活力的"主角"，真正的办学主体则变成了亦步亦趋的"配角"，这种状态不仅导致职业教育办学主体活力丧失，还造成了职业教育政策失灵。

（二）现代职业教育"多中心"合作治理的优越性

从治理理论层面来看，构建"多中心"合作治理模式既有利于完善职业教育治理结构，优化职业教育管理体系，又有利于破除政府统管的"单中心"职业教育管理模式带来的弊端，提高职业教育供给的质量和效益。从现实效用层面来看，欧美地区制造业强国的职业教育发展实践已经证明，实现多元主体共同参与的"多中心"合作治理模式有利于职业教育的现代化发展，能够收获良好的职业教育社会效益和经济效益。尽管我国的职业教育"多中心"合作治理尚不成熟，在发展过程中既面临种种体制机制障碍，又面临诸多实践困难和挑战，但其蕴含的优越性却显而易见。具体而言，主要体现在三个方面：第一，有利于调动办学主体积极性，激发职业教育市场活力。权力是责任的基础，责任则是行为主体的动力之源，选择权和决策权缺失正是公办职业学校体制僵化、活力不足的根本原因。"多中心"合作治理的核心在于实现权力主体与责任主体的统一，在治理结构上表现为决策权的分散和制衡，在治理实践上表现为协商与合作，每一方利益相关主体都获得了表达利益诉求、参与决策制定与实施的机会和渠道，这样就能充分调动各方利益主体参与职业教育办学的积极性，从而大大激发职业教育市场活力。第二，有利于推动职业教育产教融合、校企合作的深化。从某种意义上说，"多中心"合作治理与职业教育产教融合、校企合作具有天然的契合性。产教融合是产业与教育的跨界整合，其落地实施则仰赖政府、职业学校、行业组织、企业等多方主体的协同联动。实施职业教育"多中心"合作治理，就是要打破政府"单中心"的职业教育管理格局，赋予每一方参与主体以知情权、表达权、监督权以及决策权等，通过协商与合作的方式实现职业教育公共事务的有效治理。这正与深化产教融合、校企合作的实践需要高度一致。第三，有利于改善职业教育供给的质量和效益。实施"多中心"合作治理将重构职业教育管理的权力格局，政府的管理职能受到限制，调度和分配资源的权力在一定程度上被削弱，相应地，各职业教育利益相关主体的管理权和监督权得到强化。在这样的情况下，政府部门就无法再随意任性地投入资源，成本管理也将得到加强，与此同时，职业教育供给质量将受到更大的关注，从而有利于职业教育供给质量和效益的提高。

三、"多中心"治理视域下的职业教育合作治理主体构成分析

（1）政府——关键性主体

尽管实施"多中心"合作治理要求在职业教育治理体系中纳入职业学校、行

业组织、企业等多元主体，但这绝不意味着政府主体在职业教育治理体系中的地位和作用弱化，更不是要求政府在公共事务管理领域让权和分权，而是要将管理权的调整作为政府职能转变的一部分，推动政府调整管理重心，优化行政管理模式，实现职业教育政府管理和社会治理的有机统一。实际上，无论是现在还是未来，政府始终是职业教育治理体系中的关键性主体，在调控和管理职业教育事务上发挥着基础性的作用。在职业教育"多中心"合作治理模式中，政府主体的关键性主要体现在三个方面。第一，政府是职业教育顶层设计和制度安排的权威主体。职业教育是一种牵涉面极广、覆盖面极大的教育类型，全国的职业教育发展要保证方向的正确、秩序的稳定，就需要科学合理的顶层设计和严谨务实的制度安排。政府作为我国公共事务法规制定、政策供给、制度安排的唯一主体，肩负着职业教育顶层设计和制度安排的重大责任。如果政府管理职业教育的职能弱化，政策和制度供给缺失，无疑将为职业教育的健康长远发展造成灾难性影响。第二，政府是职业教育办学经费筹集和分配的核心主体。作为一项需要高成本投资的教育门类，职业教育如果没有强大的财力支持，其办学水平和教育质量提升都将成为无源之水、无本之木。覆盖全国、惠及全民的职业教育不可能依靠社会力量筹集到足够的经费，从中央到地方的各级财政拨款是职业教育发展的基本财力支撑，并为职业教育的发展、产教融合的推进注入了强大动能。第三，政府是职业教育合作治理体系中的协调主体。"多中心"合作治理固然有利于各职业教育利益相关主体诉求的表达和权利的行使，但倘若没有一个强有力的主体进行干预和协调，估计但凡涉及重大利益的职业教育办学事务，都将长久地陷入有关利益分配的争吵与纠缠之中而无法自拔。在职业教育"多中心"合作治理体系中，政府发挥着解决利益纷争、维系合作关系、协调各方行动的重要作用，是不可或缺的治理主体。

（2）学校——根本性主体

在职业教育"多中心"合作治理体系中，职业学校是根本性主体，发挥着根本性作用，这是职业学校的主体性质决定的，也是"多中心"合作治理模式要实现善治的客观要求。首先，从主体性质层面来看，职业学校是政府提供公共职业教育服务的代理方，是行使人才培育、科学研究、服务社会和文化传播等社会职能的主要主体，作为我国技术技能人才培养的"主阵地"，职业学校的办学实力直接关系到国民经济的发展和社会进步的进程。尽管从广义的职业教育角度来看，行业组织、企业、社会性职业培训机构也能起到一定的人才培育作用，但综合来看，职业学校所具备的育人优势是非常显著而巨大的，无论是在教育基础设施方面，还是在师资力量方面，行业组织、企业、社会性职业培训机构与职业学校相比，都完全不在一个量级。职业学校依托自身的资源优势，能够构建起完善、系统的教育体系，在育人的整体性和专业性方面，其他社会主体根本不能与之相提并论。从这个意义上来讲，无论职业教育如何发展，无论构建何种类型的职业教育治理体系，职业学校的根本主体地位都不可能动摇。其次，从"多中心"合作治理的实施目标来看，"多中心"治理并非"去中心治理"，"多中心"意味着在各个治理主体的专业领域或者主导领域，其自身就成为一个"中心"，具备中心地位，发挥中心作用。实施"多中心"治理的目的是要聚合各个"中心"主体的力量和资源，而非否定各个"中心"主体的地位和作用。就技术技能人才的教育培养工作而言，职业学校显然就是、也应当是该领域的"中心"。构建职业教育"多中心"合作治理体系的目的正是要通过创新治理制度、优化治理结构来帮助职业学校更好地实现教育职能，彰显社会价值。在此过程中，职业学校自然拥有着根本性的主体地位，其他治理主体的决策和行为都应当为职业学校更好地发展服务。

（3）行业——指导性主体

行业是人们对产业部门主体属性的一种基本归类方式，通常指社会经济系统中生产相同性质的产品、提供相同性质的服务的经济主体类聚而成的组织结构体系，如交通运输业、物流业、零售业、金融业等。简单来讲，行业组织则是由某一行业内的主体自发联合组织的民间性社会团体，最典型的行业组织就是行业协会。在我国，行业协会是各个行业领域存在最普遍、影响力最大的行业组织。在职业教育"多中心"合作治理体系中，行业组织之所以发挥着指导性主体的作用，是由行业组织的独特组织特征和功能优势决定的。第一，行业组织作为行业主体共同发起创办的社会性团体，必然具有深厚的产业、行业背景，这就使得行业组织拥有社会联系广泛、资源调动能力强的优势。职业教育作为与产业经济联系最为直接也最为紧密的教育类型，必然需要行业组织的帮助。第二，行业组织是由行业企业组织创办的，因此它跟企业一样，对产业、行业的发展动态和市场信息的掌握了解都较为深入和全面，通常都承担着实施市场调研、开展行业研究、出版行业报告等任务，其成果不仅能为企业提供发展建言，还能为政府提供决策参考。第三，行业组织作为本行业企业共同利益的代表，当企业有政策需求时，一般都是通过行业组织向政府反映；而政府制定的行业发展规划、产业政策等也是通过行业组织传达给相关企业的。可以说，行业组织就是连接政府与企业的纽带，发挥着重要的沟通协调作用。第四，行业组织还是本行业企业经营活动的监督主体。一般来讲，行业组织——尤其是行业协会都行使着监督本行业产品和服务质量、竞争形式、经营作风等问题的权力，发挥着维护行业信誉、营造公平竞争氛围、打击违法违规行为的作用。除了行业组织本身的组织优势和社会作用以外，行业组织在职业教育现代化建设过程中发挥指导作用也是国家政策的要求，如《现代职业教育体系建设规划（2014—2020 年）》提出"构建职业教育行业指导体系，发挥行业在提供政策咨询服务、发布行业人才需求、推进校企合作、参与指导教育教学、开展质量评价等方面的重要作用"。由此可见，构建职业教育"多中心"合作治理模式，行业组织的指导性地位和作用既十分重要，又不可替代。

（4）企业——实质性主体

职业教育是直接面向产业、行业发展的教育类型，其根本属性决定了企业必然在职业教育体系中占据重要地位。我国社会对职业教育的性质、功能、地位和作用的认知不够深入和清晰，导致职业教育发展与产业实践脱节，行业企业参与职业教育的程度严重不足，并由此引发了全社会技能短缺和职业教育质量不高的问题。随着我国社会经济的不断发展和职业教育理论研究、实践经验的充分积累，社会才逐步认识到了企业在职业教育发展过程中具有实质性主体地位和作用。2017 年，国务院办公厅印发《关于深化产教融合的若干意见》，着重强调要"深化职业教育、高等教育等改革，促进人才培养供给侧和产业需求侧结构要素全方位融合"，同时将"校企协同，合作育人"作为新时期职业教育办学的基本原则和目标。国家之所以如此重视发挥企业在职业教育发展过程中的重要主体作用，主要是基于两方面的原因。一方面，职业学校活动中的实践教学离不开企业参与。职业学校传授给学生的知识和技能，是将来直接应用于企业一线岗位的。如果职业学校的实践教学缺失了企业参与，就极易陷入形式化的"窠臼"，丧失适应性和针对性。另一方面，职业学校教育活动的质量和效益验证离不开企业。职业教育的办学目标就是向各行各业输送技术技能人才，而各行各业的主体无疑是广大企业。企业作为职业教育成果的直接消费主体，对职业学校的人才培养质量、社会服务能力最具有发言权。如果职业教育办学缺失了企业参与，职业学校的教育实践就必然陷入盲目和僵化，社会服务能力建设也必然失去归依，也就不可能发挥好职业教育的社会职能。综上所述，无论是从国家政策角度出发，还是从职业教育属性角度出发，企业都应当在职业教育"多中心"合作治理体系中占据一席之地，发挥出实质性主体的作用。

四、基于"多中心"的职业教育合作治理主体的职能重塑

(一)创设有效政府,加快政府职能转换

改革开放以来,随着我国市场经济体制的逐步确立,职业教育管理体制也经历了一个从政府统筹全面管理向"地方为主、政府统筹、社会参与"的分级管理的体制变迁过程。尽管我国的职业教育管理体制在变迁过程中增加了多元化的要素,但在总体上,政府始终牢牢管控着职业教育发展过程中的所有重大事务,扮演着核心主导者的角色。虽然随着时代条件的变化,政府管得过多、过宽已经难以适应职业教育发展需要,但其关键性地位是不可动摇的。实施职业教育"多中心"合作治理不是要削弱政府职能,而是要调整政府管理职业教育的方式和内容。第一,要转变治理观念,促进政府对职业教育发展的完全主导向有限主导转变。在公共事务管理领域,政府承担着政策制定、制度设计、经费筹集、资源调配等职能,这是我国职业教育现代化建设的基础和保障,实施职业教育"多中心"合作治理,政府需要进一步加强宏观管理职能,增强政策制定的精准性、适切性,为职业教育实现善治提供更强大的物质保障。与此同时,政府应当"简政放权",减少对职业教育具体事务的干预,把工作重心转移到为"多中心"合作治理营造良好环境、创造充分条件上来。第二,提升政府治理的有效性,促进政府在职业教育管理过程中的规范用权。传统的职业教育管理体制所存在的管理低效问题,很大程度上就源自政府权力行使的随意性。要提升政府治理的有效性,就必须实现政府规范用权,这不仅是实施职业教育"多中心"合作治理的内在要求,也是政府职能转变的必然要求。一方面,要用法律规范限制政府机关行政权力的运用,真正落实"法无授权不可为",既要通过法律规定明确政府行政管理权的边界,又要通过法律规定明确政府行使权力的程序和流程,确保政府行为不越位、不错位。另一方面,要强化政府行政权力行使过程的监督问责,在持续拓宽政府权力行使民主监督渠道的同时,还要建立政府权力滥用、误用时的问责、纠错机制,确保政府行使行政权力规范、有效。

(二)建设有为学校,推进职业院校职能蜕变

职业学校是职业教育的主要主体,在职业教育"多中心"合作治理体系中占据着根本性的地位。"多中心"合作治理要取得实效,首要任务就是要推动职业学校的治理职能转变,充分激发职业学校的办学积极性和创造性,建设有作为的学校,从而更好地发挥其社会职能和作用。为此,第一,职业学校需要尽快完成从依附政府办学到自主管理决策的职能转变,回归职业教育治理的中心角色。职

业学校依附政府和教育主管部门办学是传统职业教育"单中心"管理模式的核心特征，倘若职业学校不能从政府管得过多、过宽、过死的办学状态中解放出来，职业教育"多中心"合作治理就会沦为空谈。获得办学的独立性和自主性，是建设有为学校的前提，也是实现职业教育"多中心"合作治理的基础。职业学校要实现职业教育治理体系根本性地位的回归，关键仍在于政府是否能完成职能转变，是否能完成简政放权改革。第二，职业学校要主动积极更新办学观念，深化教育改革，通过"有为"让自身"有位"。有为学校的建设和生成，不仅仅需要政府的指导和支持，更需要职业学校自身不断提升办学水平和能力。多年以来，职业教育管理体制改革之所以进展缓慢，除了政府职能转变尚未完成以外，与广大职业学校自身办学水平不高、治理能力不强也有很大关系。要在新时期构建现代化的职业教育治理体系，职业学校责无旁贷，必须主动作为，不仅要及时更新办学理念，用先进的治理理论和思想理念引领办学管理制度创新，适应"多中心"治理的要求，还要下大力气深化教育改革，提升人才培养质量、科研能力和社会服务能力，通过有为为自身"争位"。

（三）构建有位行业，推动行业组织由虚位到实位

如果说在职业教育"多中心"治理体系中，由于种种历史和现实的原因，职业学校缺乏的是有为，尚处于为自身治理角色"争位"阶段的话，那么行业组织就是典型的有位而无为，没有在职业教育发展过程中发挥出应有的作用。当然，造成这种局面的因素是多方面的，并非行业组织之过，究其原因，一是因为改革开放以来，行业组织仅仅被赋予经济属性而完全丧失了行政属性，行业职能被严重虚化，二是因为我国一直没有建立起行业组织参与职业教育办学和治理的机制以及渠道，行业组织有心无力。当前正值职业教育改革深化、职业教育管理体制深入变革的时期，要构建"多中心"合作治理的职业教育治理体系，就必须从体制机制层面重新赋予行业组织以必要的社会职能，并构建起行业组织参与职业教育办学和治理的有效机制和途径。在具体措施上，第一，要从制度层面明确行业组织的社会职能，赋予行业组织实质性的管理权力。当前我国职业教育管理体系的行政化色彩仍然过于浓厚，尽管国务院、教育部三令五申，要求发挥行业组织在职业教育办学过程中的作用，但在现实实践中，行业组织依然处于"职微言轻"的边缘化状态。要推动职业教育治理体系的现代化，就必须从制度上明确行业组织的社会职能，赋予其实质性的管理权力，让行业组织有参与职业教育管理、职业资格鉴定等的权威性，从而彰显其指导性地位。第二，行业组织要树立主体意识，用行动对接国家战略。产教融合、校企合作是国家确立的职业教育改革和发展方向，尽管当前我国尚未建立起完善的职业教育"多中心"合作治理体制机制，行业组织还缺乏参与职业教育管理的办法和途径，但行业组织也应当认识到，行业、企业与职业教育、职业学校的联系是内在的，是不可能被外力所割裂的。因此，行业组织要树立主体意识，在现有条件下主动作为，积极与政府部门沟通，积极与职业学校建立联系，充分利用自身的组织特性和功能优势，发挥好管理协调作用，提供好专业服务，为构建和完善职业教育"多中心"合作治理模式贡献力量。

（四）打造有责企业，促进企业职能回归

企业作为职业教育成果最直接的享受者和受益者，理应承担相应的职业教育责任，应当在职业教育发展过程中发挥主体作用，这在世界范围内已经成为普遍共识，在我国同样如此。企业在职业教育"多中心"合作治理体系中占据着实质性主体的地位，理应成为教育"多中心"合作治理的核心主体之一。在过去，由于种种主观和客观原因，企业参与职业教育办学和治理的程度严重不足，其职业教育责任未能充分履行。在新的时代条件下，构建职业教育"多中心"合作治理模式，关键是要打造有责企业，让企业切实承担起职业教育责任。在具体途径上则应当从以下两个方面着手：第一，树立企业社会责任意识，促进企业主动担责。企业社会责任是一个"舶来"的概念，在我国兴起的时间并不长，由于缺乏深厚的社会思想基础，国内的企业家群体承担社会责任的意识相对淡薄，与欧美发达国家的企业家群体承担社会责任的力度和能力仍有较大差距，这是现阶段我国广大企业未能在职业教育领域发挥出主体作用的重要原因之一。针对该问题，国家应当加大宣传力度，进一步普及企业社会责任的思想观念，在全社会营造有利于树立企业社会责任意识、促进企业主动承担社会责任的良好舆论氛围。与此同时，应当树立典型，对于主动积极承担社会责任并且做出突出社会贡献的企业家，应当给予表彰和奖励，以对企业家群体形成激励和引导。第二，建立起职业学校与行业企业深度融合的合作共赢机制，强化企业承担社会责任的内在驱动力。对于推动企业参与职业教育而言，宣传鼓励、政策引导终究只是外部激励，难以起到决定性作用，最根本的还是要从满足企业的核心利益诉求着手，强化企业承担社会责任的内在驱动。一方面，在国家大力推动产教融合、校企合作的大背景下，职业学校应当与企业共同探索出一条职业教育教学与企业核心业务相结合的合作共赢之路，让企业在参与职业教育办学和治理过程中收获实实在在的利益；另一方面，政府应当强化和完善企业参与职业教育校企合作的补贴力度，分担企业的交易成本，减轻企业负担，激发其参与职业教育办学和治理的活力和动力。

第二节　利益相关者视野下职业教育
校企合作的长效机制构建

　　校企合作的利益相关者包括政府、行业协会、企业、职业院校等，各利益主体的利益诉求不尽相同。当前我国职业教育校企合作存在很多问题，导致各利益主体的利益诉求得不到满足，可以从完善相关法律法规、构建动力机制、进行文化对接、明确利益分配原则、进行效果评价和反馈等方面进行改进，构建利益相关者共同管理的校企合作长效机制。

　　职业院校在人才培养的过程中重视学生的职业素质，这决定了职业教育必须进行产教融合、校企合作。在利益相关者视野下，对校企合作的各利益相关者进行诉求分析，并明确当前我国职业教育校企合作运行机制存在的问题，有利于校企合作长效机制的构建，以及校企合作的顺利推动。

一、职业教育校企合作各利益相关者的利益诉求分析

　　各利益相关者的利益诉求能否满足，直接影响到合作的效果。因此，我们首先要明确各利益相关者的具体利益诉求，才能实现各利益相关者的利益平衡，促进校企合作取得预期的效果。

（一）政府

　　职业教育的主要目标是培养能够适应产业发展的技能型人才，满足地方发展对人才的需求。开展校企合作有助于培养技能型人才，将高素质的人才输入社会中，有助于提高人口素质，推动产业发展，维护地区的稳定。因此，政府是开展校企合作的受益方。政府为了促进校企合作的开展，应积极出台相关政策措施，完善配套的法律法规，进行财政拨款，监督和管理校企合作项目。政府在职业教育中的主要利益诉求是社会效益最大化，期望通过校企合作促进职业教育与地方发展需求的对接，获得技术支持，推动产业升级，促进区域经济发展和整个社会进步。

（二）行业协会

　　行业协会是某个行业的代言人，是通过规范行业标准协调行业内企业的利益，最终促进企业健康有序发展而成立的组织。行业协会是职业教育校企合作项目中学校和企业之间沟通的桥梁，能够促进学校和企业之间合作的达成。行业协

会介入校企合作项目，主要有以下几点利益诉求：通过制订从业标准和岗位技能标准，鼓励校企合作项目培养本行业急需的人才，满足行业内企业对人才的需求；帮助行业内的企业获得政府支持和帮助，降低人力资源的成本；借助行业力量影响政府优惠政策的制定，维护企业在校企合作项目中的合法权益。

（三）企业

企业通过提供资金、技术、人员或者培训场地直接参与到校企合作中，通过利用职业院校的科学研究、优秀人才资源和知识信息储备，实现人才、技术、经费、社会影响力等方面的利益诉求。具体来说，校企合作项目可以吸引优秀的实习生，并为企业未来发展储备一批毕业生，从而降低人力成本；通过职业院校的培训项目，企业可以提升内部劳动力的素质；利用学校的先进设备和技术，从而企业可以促进科技创新和产业升级；校企合作项目成果能够转化成现实的生产力，有助于企业产品设计和研发，提升产品的竞争力；校企合作项目还能提高企业在社会上的知名度，形成品牌效应，提升企业形象；企业可以通过校企合作项目获得政府财政补助、税收优惠和技术支持等。

（四）职业院校

职业院校是校企合作的组织者、管理者和参与者，利益诉求包括：通过校企合作增加与企业的沟通交流，及时调整学校的专业设置、课程结构，适应行业企业对人才的需求；利用企业的资金、技术和人员的优势，改善学校的配套设施和办学条件，为学生提供更丰富的实践场所，提升学生的职业素养，提升人才培养质量；通过校企合作，增加学生的就业选择和就业机会，提高学生的就业率；从企业吸收优秀的从业者担任职业院校的兼职教师，壮大职业院校的"双师型"队伍。

二、当前职业教育校企合作运行机制存在的问题

我国职业教育校企合作的运行机制不够完善，尚未建立长效的运行机制。政府管理缺位、企业缺乏合作意愿、职业院校缺乏吸引力、行业组织缺乏参与的积极性，导致校企合作利益相关者的利益诉求难以实现。

（一）政府管理缺位，权责不明，监督评价机制缺失，校企合作缺乏长效保障

政府是校企合作当中重要的利益相关者。目前，政府在校企合作中没有发挥应有的作用，主要表现为：第一，政府管理缺位，权责不明。政府对职业教育的管理不够严格，对于校企合作未来的发展方向统筹不足，缺乏多个部门之间的通力合作。各级政府部门在校企合作当中扮演的角色没有明显的区别，权责划分不

够明确，导致校企合作中产生的问题得不到及时有效的解决。第二，政府没有发挥主导作用，缺乏实现校企合作的路径与方法，对于校企合作不够重视，相关的保障机制不够健全。第三，缺乏有效的监督评价机制。政府没有明确规定校企合作应该取得何种成果，没有相关的评价标准。校企合作项目完成之后缺少总结提升的过程，导致校企合作缺乏长效性。第四，配套的法律法规不够完善，对学校和企业的约束力不强。我国与此相关的法律法规虽然很多，但是大多数是零散的政策性文件，缺乏系统性，可操作性不强。对于校企合作中的细节缺乏相关法律规定，导致在具体实施过程中产生偏差。企业和学校的责权划分不清，容易产生问题，校企合作缺乏长效保障。

（二）企业缺乏参与校企合作意愿，校企合作动力不足

企业作为校企合作的参与者，很多时候处于被动的状态，权益无法得到保障，参与校企合作的动力不足。具体表现为以下几点：首先，校企合作层次较浅，仅停留在学生"顶岗实习"的层面，没有更深层次的合作，导致企业无法从中获利。其次，合作缺乏长期性，没有长远的合作协议和合作规划。目前的校企合作多为短期合作，企业难以从中获得较高的回报，也无法预估未来的收益，因此没有投入的动力。再次，对于企业来说，校企合作中的投入成本大于收入。当前我国的职业教育校企合作效果不够理想，校企合作流于形式，大多数学生在实习结束之后不能满足企业所需人才的条件，企业投入了成本却不能获得所需的人才。最后，校企合作多为学校主导、企业参与，我国企业在合作中处于被动的地位，缺少话语权，利益诉求难以实现。

（三）职业院校自身吸引力不强，校企合作形式单一

近年来我国职业教育的发展速度加快，职业院校的办学水平有所提高，但是与企业的要求相比还存在一定差距，职业院校的自身吸引力不强。首先，职业院校的专业设置和课程结构尚未建立动态调整机制，不能根据企业对人才需求的变化及时进行调整，人才培养目标存在滞后性。其次，职业院校科研能力较差，缺少一支"双师型"教师队伍，人才培养质量不高，直接影响到企业对校企合作项目的评价，校企合作缺乏稳定性。再次，校企合作的形式较为单一，多数是进行学生的"顶岗实习"，合作形式缺乏创新性，难以吸引企业参与校企合作。最后，职业院校的社会影响力和社会认可度有待提高。企业在寻求合作伙伴时更倾向于社会影响力较大的高校，与职业院校的合作较少。职业院校应不断努力提升教学质量，输出更多高素质的人才，为自身树立良好的口碑，吸引企业主动寻求合作。

（四）行业组织缺乏参与职业教育的积极性，难以发挥指导作用

职业院校和企业是校企合作的两大主体，它们之间的沟通交流需要第三方机构进行协调，行业组织可以成为校企合作的"润滑剂"。目前我国的行业组织尚未发挥对校企合作的指导作用，主要有以下几点原因：首先，我国缺少行业组织参与校企合作相关的法律法规，对行业组织缺乏约束力。行业组织在职业教育中的职责和权限没有明确的规定，缺乏参与校企合作的积极性，不能发挥指导和监督的作用。其次，我国的行业组织没有制订岗位标准、课程标准的权力，学校和企业之间的沟通交流并不是依托行业组织进行的，行业组织很难发挥积极作用。最后，我国行业组织自身发展水平较低，在校企合作中处于边缘化的状态，难以发挥中介作用。

三、构建利益相关者共同管理的职业教育校企合作长效机制

（一）完善校企合作相关法律法规，建立保障机制，形成多主体共同治理的格局

为校企合作提供法律保障，是构建长效机制的前提条件。首先，应邀请行业组织、企业、职业院校和政府共同参与法律法规的修订，明确各利益相关者之间的关系，规定各主体的职责、权利和义务，规定校企合作的基本制度和合作细则，包括政府购买制度、企业奖励制度、学生权益保障制度以及监督评价制度。其次，出台职业教育校企合作促进条例，保障和促进校企合作的有效实施。条例应平衡各利益主体的利益诉求，调动利益主体参与校企合作的主动性。最后，修改和完善校企合作的配套法规制度。校企合作的保障机制还需要更多配套的法律法规，将配套法律进一步完善，才能保障校企合作当中各利益相关者的责任和权利。

构建合作的长效机制，还需要建立内外部的保障机制，形成多主体共同治理的格局。首先，建立外部保障机制，包括政策、法律保障和资源协调机制。政府应积极颁布促进校企合作的相关政策和法律条文，形成良好的社会环境，引导社会舆论支持校企合作的发展；还要建立良好的资源协调机制，发挥各利益相关者的作用，协调多方面的资源，共同促进校企合作的顺利进行。其次，建立"协同管理、共同治理"的内部保障机制。职业院校要摆脱以往单一治理、封闭治理的传统理念，以开放的心态接受各利益主体的合理建议和有效管理；充分发挥政府的介入作用，落实共同治理的模式，激发各利益相关者的办学活力，调动各方参与共同治理的积极性。

（二）深入挖掘合作动力，分析合作需求，构建内外部动力机制

收益是校企合作最大的动力，构建校企合作的长效机制最重要的就是使合作收益最大化。合作收益等于合作总收益与合作总成本的差额，收益越大校企双方的参与意愿越强烈，收益越小各利益主体的积极性越低。影响合作收益的变量包括：职业院校的人才质量、教师教学水平，企业性质、人员构成、资金力量，行业组织的监督与管理力度，校企合作采用的形式，政府的相关政策等。在进行校企合作的过程中，必须充分考虑每个变量，寻求利益平衡点，尽力满足各主体的利益需求，使合作收益最大化。在明确各利益主体的利益诉求的基础上，深入挖掘校企合作的动力，构建内外部的动力机制，一方面，通过分析学校和企业进行校企合作的内部动力，构建校企合作的内部动力机制。对于学校来说，进行校企合作的内部动力包括：获得人才需求信息，优化人才培养过程；为学生提供实训机会；获得经费和技术支持。对于企业来说，内部动力包括：获得学校的技术支持，获取企业未来的人才储备，享受政策优惠，提升企业知名度等。因此，在校企合作中，必须重视提升人才培养质量，注重地方企业的人才需求与职业院校培养目标的对接，进行技术、信息、师资的共享，并积极解决校企合作项目资金来源的问题。另一方面，营造良好的氛围，构建校企合作的外部动力机制。外部动力机制的构建，主要依靠政府和行业组织。政府通过提供优惠政策、法律保障、资金支持等方式推动校企合作的顺利进行，起到统筹规划的作用。行业组织要发挥监督和指导的作用，通过制订岗位标准和从业标准提升校企合作的人才培养质量，承担起校企双方沟通交流的重任；通过政府和行业组织的外在推动力，为校企合作营造良好的社会氛围，促进校企合作长效机制的形成。

（三）构建校企双方的文化对接机制，形成战略协同效应

企业文化与校园文化存在较大的差异，很多学生在进行"顶岗实习"时难以适应企业文化。为了加强校企合作的稳定性、长期性，急需促进校企双方的文化对接，形成战略协同效应。一方面，职业院校要将企业文化渗透到校园文化中，努力推动企业文化进入职业院校的课堂中，让学生树立服务意识、竞争意识，更好地适应企业文化对人才的需求。另一方面，企业应积极参与合作院校的校园文化建设，将企业文化精神传播到校园之中，寻求学校师生对企业文化的认同，提升企业在职业院校师生心中的形象，鼓励学生积极参与校企合作项目。院校和企业要寻找双方文化的相似点，努力夯实校企合作育人的文化基础。

（四）明确校企合作利益分配的原则和方式，平衡多主体的利益诉求

平衡多主体的利益诉求，关键在于如何进行合理的利益分配。校企合作的利益分配原则包括：第一，组织利益最大化原则，利益分配机制必须建立在组织利益最大化的基础上。第二，互惠互利原则，保障参与校企合作的各主体的利益。第三，风险补偿的原则，要充分考虑企业和学校在参与校企合作时所承担的风险，保证承担的风险与获得的收益成正比。校企合作的利益分配方式包括以下几种：第一，提升销售利润，对于校企合作的科研成果，学校和企业按照事先规定的比例进行利润的合理分配。第二，共建合作实体，学校和企业以技术、资金、场地入股，建立培训基地，共享培训资源。第三，技术转让费，职业院校将成果转让给企业，由企业支付技术转让费，然后投入生产创造利润。

（五）建立多元参与、科学合理的效果评价机制和反馈机制，保障校企合作长期健康运行

职业院校、政府、行业组织和企业作为利益相关者，应积极参与校企合作项目的效果评价。效果评价的内容包括：企业人事部门评价、学生自我评价、教师教学效果评价、实践教学条件评价等方面。企业人事部门评价是按照企业标准对学生的实习情况进行评价，主要考察学生的实践能力和职业技能。学生自我评价主要是对在企业实习的综合表现进行自我评价和总结。教师教学效果评价是对学校教师和企业的兼职教师的教学效果进行综合考核。实践教学条件评价是对企业和学校能够提供的实践基地进行综合评价。这些评价结果要及时公布，鼓励各利益主体进行持续改进，不断提升校企合作的质量，保障校企合作长期健康运行。与此同时要建立科学合理的反馈机制，将各利益主体的意见进行汇总，及时进行意见的反馈。

第三节　高职校企合作主体利益冲突的表现、成因与对策

高职院校和企业作为两种截然不同属性的组织，在进行合作时，不可避免地会存在主体利益的冲突。本章从分析高职校企合作主体利益冲突的表现形式入手，并对其形成的原因做了具体的分析，最后从构建校企双方文化认同的新局面，构建校企合作的目标共享机制、利益补偿机制、第三方沟通协调机制等几个方面来消解主体间的冲突，提高校企合作的成效。

高职校企合作是一种广泛适用的技术技能型人才培养模式，在政府的大力倡导和推动下，我国高职校企合作取得了一定的成就。从高职院校的角度来讲，校企合作不仅可以借助企业的新设备新技术搭建校企合作实训基地，解决学生的实

习实践问题，还可以进行"双师型"教师的培养，提高教师的实践能力。从企业的角度来讲，校企合作首先可以解决人才培养的问题，企业可以获得高职院校的技术人才储备和智力支撑，其次参加校企合作，企业可以增加品牌和社会影响力，得到大众的认可。但是在实践中，校企合作主体还没有找到利益的契合点，双方都从自身的利益出发，忽视了对方的需求，大部分高职校企合作流于形式，合作范围窄、合作程度不深、层次不高，主体利益出现明显冲突。对此，需要明确了解校企合作主体出现冲突的表现形式和形成的原因，提出相关的解决对策，为深化我国高职校企合作提供些许借鉴。

一、高职校企合作主体利益冲突的表现

传统意义上的高职校企合作主体是指高职院校和企业两大根本主体。然而，根据利益相关者理论的特点，凡是能影响校企合作行为的组织和个人都是利益主体。校企合作是一个由政府、高职院校、行业企业、第三方评估机构、学生等众多主体组成的庞大的系统，牵涉面广，每个利益主体的社会属性不一，在目前实践过程中，不同主体在各自利益的驱使下，出现的利益冲突具体表现在以下几个方面。

（一）校企双方资源依赖不对称，缺乏实质性合作内容

企业作为经济组织的重要主体，以营利为第一出发点；而高职院校是社会公共事务组织，是教育的重要组成部分，以为社会输送合格的人才为第一要务，是非营利性组织。不同的属性，导致了高职院校和企业在进行合作时存在天然的鸿沟。合作双方必须找准契合点和共同的利益，深层次合作才能进行下去。高职院校和企业资源有很强的互补性，资源的优化整合可以弥补自身的劣势。校企合作看似可以为高职院校的学生实习实训提供基地，提高人才培养的质量，减少企业人力培养成本，理想画面是双赢的，但在多年的实践中，由于校企双方对资源的依赖不对称性特别明显，集中表现在职业院校在技能人才培养中对企业资源的依赖程度远远高于企业对学校资源的依赖程度，如为了切实提高校企合作的有效性，职业学校希望企业能够全面参与到人才培养方案的制订、课程设置、实习安排等方面中，企业由于自身的性质并不能跟踪式地参与到其中，所以，非对称性的资源依赖结构也导致合作形式僵化、合作内容单一，缺乏实质性的合作内容。与此同时，学校和企业是两套不同的运行管理系统，在管理方法、运作规则方面截然不同，所以机械僵化式的合作，必将是短期的、表面的，缺乏实质合作内容的，因此，必须建立一套使双方的独特性都能充分发挥的、有机融合的合作

模式。

（二）高职院校参与合作存在被动心理和逃避心理

对于目前大部分校企合作项目，学校和企业的主体地位不平等。高职院校迫于政策压力，必须进行校企合作项目，但由于自身实力有限、科研能力薄弱、社会服务能力弱、综合能力有限等问题，无法吸引优秀的企业主动寻求合作。被动地参与合作，导致学生在参加企业的实习实践活动时，无法充分发挥主观能动性和创新性，校企双方的关系也处于不和谐的状态中。高职院校受主客观因素的影响，处于无能为力的弱势一方，自身也面临诸多压力。面对合作效率低下，合作质量堪忧的情况，高职院校选择逃避的心理，把合作不利归责于企业的消极应对和政府的不作为。高职院校处理问题时，先不寻找自身的问题，把责任都归咎于外部因素，从根本而言是不利于合作深远发展的。同时，高职院校参加校企合作项目，会增加很多额外的工作任务，比如与企业共同讨论人才培养方案、设置合作培养人才的课程、外出企业实践的学生管理，顾虑的增加会影响自身的行为，不利于合作效率的提高和质量的提升。

（三）企业参与校企合作无利可图，消极应对

企业参与校企合作的意愿是减少人力成本、解决技术难题、提升核心竞争力，最终为企业增加更多的经济利益和财富。短期看，企业参加校企合作投入和产出不成正比，无法直接获取经济利益，导致企业无利可图，参与积极性不高。一般企业会选择规模大、综合实力强的高职院校进行合作，对于一般的学校消极应对，不屑一顾。学生进入企业进行实践活动，被安排到技术含量低、重复机械式的岗位，核心技术并不会传授给学生，企业对学生的实践能力培养目的不强，只是敷衍了事。学生在实践过程中也只能学到碎片化的知识，掌握低层次的实践技能，半情景式和边缘化的实习也不利于综合型人才的培养。企业在无利可图的价值观引导下，并没有将合作育人纳入企业的经营管理目标中，消极参与校企合作现象比较明显。

二、高职校企合作主体利益冲突的原因分析

（一）高职院校和企业在文化观念、价值目标方面存在差异性

高职院校和企业作为不同的社会组织，在文化观念和价值目标方面存在天然的差异，二者不兼容，这是导致校企合作主体出现利益冲突的根本原因。高职院校的运行是遵循人才培养规律和科学教育规律的，最终目标是培养社会所需的人才，进行前沿的科研探索、文化传承与创新，为社会提供有效服务等，高职院校

的文化是以校园精神文化为主的公益性文化。而企业遵循的是市场价值规律和企业生产规律，以追求自身的经济利益最大化、提升企业品牌影响力、提高核心竞争力为终极目标，企业的生产经营文化贯串企业的始终，盈利性是其根本属性。高职院校和企业作为两种截然不同的社会组织，文化观念存在差异性，在进行校企合作时，如果没有完整科学的统筹机制，不可避免地会产生利益冲突和矛盾。我国现阶段，企业参与职业教育受传统文化背景、职业教育发展进程、社会经济发展结构等的影响，还不能把参与职业教育当成企业经营管理的一部分，尚未形成强烈的社会责任感。校企合作在双方不同价值观念的驱使下没有形成利益共同体，学校的教书育人价值和企业的经济利益价值冲突随之明显，缺乏文化价值认同的校企合作是难以持续的。

（二）高职校企合作双方投入产出不成正比

企业的任何行为都是需要考虑经济利益的，参与校企合作，必将全面权衡投入和产出的关系。从目前来看，很多企业参与校企合作是被动的，并不能获得直接的经济回报，短期目的是获得国家的财税补贴和相关优惠政策，长期来看，校企合作培养的人才，也并不能满足企业的用人需求。参加校企合作，不管是与高职院校共建学生实训实习基地，还是接受学生顶岗实习，企业都需要投入大量的人力、物力、财力；但是与所获得的经济回报不成正比，在利益的驱使下，导致企业消极应对。我国教育部职教中心的研究报告指出，近65％的校企合作企业认为，当前合作育人的学生并不能满足企业对人才在职业能力、专业素养、道德品质方面的要求。并且企业顶岗实习在一定程度上会影响企业的正常生产运行效率；长远看，合作培养的人才也不能满足企业储备人才的标准，从而增加了企业的员工培训成本。参加校企合作，企业短期获得的国家财税补贴和奖励政策，并不能弥补巨额的投入，投入产出不成正比，挤压了企业的获利空间，降低了企业的经济期望，影响企业的积极性。

（三）相关法律法规不健全，增加了企业的风险

我国高职校企合作虽然进行了多年，相关的法律制度也在不断完善中，但是依旧面临法律条款偏向宏观性和原则性、条款不细致、可执行性差、出现具体问题时没有可供借鉴的条文的窘状。因此，企业在参与校企合作时，所面临的风险就会增加，主要表现在两方面：第一，学生在企业实习时存在安全责任风险。顶岗实习阶段，学生以准员工的身份进行日常工作，但同时不能脱离学生的身份，双重身份给企业的管理工作带来了难度。与正式员工相比，学生的业务能力、综合素质、实践技能有很大的差距，在日常工作中，安全意识和规避风险的能力比

较差，更容易出现工作失误导致安全事件的发生。第二，搭便车的现象存在，导致外部挖人的风险增加。由于没有明确的法律规定，合作育人无法保证人才能留在企业内部，其他企业的搭便车行为为参与校企合作的企业带来了诸多困扰，间接导致参与企业育人的成本得不到保障，打击了企业的积极性。

三、深入推动高职校企合作的对策探索

（一）构建校企双方文化认同的新局面，增加校企合作的原动力

企业的逐利本质和高职院校的育人本质是有差异的，校企双方如果没有形成文化价值共同体，缺乏合作的原动力，校企合作就不能持续深远地进行下去。要构建全新的文化价值认同格局，第一，高职院校和企业要坚持合作共赢的理念认知。企业要从根源上认识到必须承担相应的社会责任，与高职院校合作进行人才培养是反馈社会的一种方式，理应纳入企业的人才战略和整体规划中。高职院校要提升自身的综合实力，尤其是科研创新能力，吸引企业主动寻求合作，对人才培养规格要迎合企业的需求，让企业实实在在地能在人才储备和解决科研难题上获得高职院校的帮助。第二，校企双方要树立持续长远的合作理念。短期的经济利益固然重要，但是良好的社会效益、文化效益也会为企业和高职院校的长远发展带来不可估量的价值。校企双方应秉承可持续发展的合作理念，建立长久稳定的合作关系，这样不仅可以保障人才培养质量，还能提升双方的社会形象。第三，高职院校和企业在合作时要树立理解包容的意识。高职院校和企业是不同的社会组织，合作过程不可能一帆风顺，双方需要找准利益的契合点，平衡双方的关系，巧妙利用第三方解决合作中的矛盾，在满足对方合理需求的基础上，达到合作共赢。

（二）构建校企合作的目标共享机制，实现双方的价值诉求

高职院校和企业在进行合作时，设置的目标存在较大差异，制约了校企的高效合作。构建目标共享机制，探索合作的核心目标，是实现校企双方价值诉求的有效方式。第一，高职院校教书育人为第一目标，同时不能忽略企业的经济利益，要准确把握企业的用人需求和行业发展趋势，为企业提供源源不断的高附加值的人才储备，减少企业的用人成本。高职院校的育人本质和企业主体的逐利本质是一对矛盾体，合作过程中不可避免地会产生摩擦和冲突，只有认同企业的逐利本质，辩证地看待企业育人和逐利的关系，才能在合作过程中找到利益的平衡点，协同校企合作行为。第二，企业作为市场主体，任何行为都是以自身利益最大化为目标的理性行为，在现代市场关系中，高职院校同样面临激烈的市场竞

争，二者的组织经营目标是一致的。企业必须认识到，高职院校参与校企合作，也是为了争取更好的生源，提高自身的育人水平，实现高职院校的可持续发展，也有追逐经济利益的一面。校企双方应该相互认同各自的价值追求，找准合作的核心目标，企业可以依托高职院校的科研和教育资源，减少人力资源成本，扩大社会影响力，获得经济收益，占领市场份额；高职院校可以借助企业的先进技术设备和场所，为学生的实习实践和"双师型"教师的培养提供有力保障。职业院校和企业都要相互认同其价值追求，长久稳定的合作是双方实现价值最大化的基本保障，明确这一共同目标对实现价值的有效融合具有十分重要的意义。

（三）政府主导，构建利益补偿机制，提高企业的投入产出比

我国的校企合作实践过程中，企业存在一定的被动性，主要是企业的投入产出不成正比，短期内看不到合理的经济回报，企业大多选择消极应对。目前，企业的搭便车行为存在，导致大多数企业选择从市场招聘员工或者从其他企业挖墙脚，不会花费大量心血进行校企合作人才培养。而参与校企合作的企业，投入大量的物力、财力，不是所培养的人才不符合企业的用人标准，就是留不住优秀的人才，这严重挫伤了企业的积极性。针对收益不均衡的现象，政府要主导构建校企合作的补偿机制，完善相关的法律法规，以政策的形式引导企业积极参与校企合作，用政府的政策资源弥补企业资源，通过补偿机制，平衡企业的收益，科学地协调校企合作主体的利益冲突。具体来看，一方面政府以直接经济补偿为主，对参与校企合作的企业进行专项资金支持、无息贷款、税收减免、财政补贴、政府购买、企业教育用地支持等帮助，直接增加企业的收入，降低企业的成本；另一方面，执行对应的间接利益补偿，政府要大力宣传校企合作的正面价值，正确引导企业肩负必要的社会责任，主动参与合作育人，对校企合作优秀企业给予政府嘉奖和社会公开表彰，颁发荣誉称号，提升企业的美誉度。

（四）构建第三方沟通协调机制，理顺合作关系

高职校企合作的有效开展，离不开完善的沟通协调机制，要充分发挥以政府为主导的、行业协会参与的第三方协调机制的作用，理顺合作关系，解决校企合作主体的利益冲突。第一，政府作为我国社会公共事务的管理者，要逐渐向服务者身份转变，从校企合作的顶层设计入手，加快完善校企合作有关细节性的法律条文，规范双方的权利与义务。第二，赋予行业协会法定功能，使其充分发挥沟通桥梁的作用。行业协会是多方代表共同组成的，对市场和行业前沿资讯最了解，能整合多方资源，协调内外关系，与高职院校、企业、政府沟通具有天然的优势。注重第三方协调机制的应用，也赋予了行业协会与学校、企业同等重要的主体地位，行业协会在职业资格标准制订、岗位能力要求制订、校企合作项目评价、各主体关系协调方面发挥了巨大的作用。我国应该从制度上和法律上明确行业协会的功能和定位，充分利用第三方对校企合作项目进行指导、监督、评价反馈，推动教育与产业有机结合。

第二章 "双高"视域下的高职专业群建设

第一节 "双高"建设视域下高职教育内涵发展的困境与出路

"双高"建设与高职教育内涵发展是不可分割的有机统一体。在"双高"建设背景下,高职内涵发展还面临着诸多困境,集中表现在办学定位缺乏精准度、专业建设缺乏创新度、师资结构建设缺乏平衡度、内部治理"泛行政化"等方面。鉴于此,高职院校要紧密围绕"双高"建设的方向和要求,以科学的办学定位为先导,特色高水平专业群为依托,"双师型"教师队伍为保障,增强社会服务能力为目标,内部治理结构改革为抓手,加快推进高职内涵发展,为我国职业教育现代化提供支撑。

一、研究背景

"示范引领,以点带面"是我国长期实行的高职教育发展策略。早在 2006 年,教育部、财政部实施了"国家示范性高等职业院校建设计划",遴选 100 所高职院校进行重点建设,引领了全国高职院校的改革与发展方向。2015 年《高等职业教育创新发展行动计划(2015—2018 年)》(下文简称《行动计划》)开启了国家重点建设一批优质高职院校的新篇章。而在 2018 年《行动计划》的收官之际,教育部提出启动实施中国特色高水平高职学校和专业建设计划,将其作为教育部 2019 年的工作要点。2019 年,国务院印发了《国家职业教育改革实施方案》,明确提出启动实施中国特色高水平高等职业学校和专业建设计划,建设一批引领改革、支撑发展、中国特色、世界水平的高等职业学校和骨干专业(群)。2019 年 4 月,教育部、财政部正式发布了《关于实施中国特色高水平高职学校和专业建设计划的意见》(下文简称《双高计划》),提出"集中力量建设50 所左右高水平高职学校和 150 个左右高水平专业群""引领新时代职业教育实现高质量发展"。"双高"建设可以说是优质校建设的创新和升级,其与高职教育内涵发展可谓是"一体同源"的关系，《双高计划》对"特色高水平高职院校和专业"的特征进行了生动的描述，概括为"引领改革、支撑发展、中国特色、世界水平"，这也是深化高职内涵建设的主攻方向和重要目标。"双高"建设为我国高职教育内涵发展提供了新的支点，在以"双高"建设为龙头带动的新一轮高职教育改革进程中，深入思考高职内涵发展中存在的问题，并提出相应的解决之道，以呼应我国"双高"建设，可以说具有十分重要的意义。

二、"双高"建设与高职教育内涵发展是不可分割的有机统一体

分析和梳理"双高"建设与高职教育内涵发展的逻辑关系，有助于我们深化对"双高"建设和高职教育内涵发展的思想认识。

（一）"双高"建设是深化高职教育内涵发展的重要支撑

首先，"双高"建设是高职办学理念的升级。办学理念是高职教育秉持的办学主线，对高职教育的发展起到关键的指导和引领作用。《双高计划》要求牢固树立新发展理念，带动职业教育强化内涵建设，实现高质量发展。高质量发展不仅是未来一段时期我国经济社会发展的主攻方向，还是"双高"建设应树立的重要思维，对我国高职教育发展产生深远影响。随着"双高"建设的逐步推进，高职院校在办学理念层面需要进行优化升级，形成更加创新、包容、现代、开放的理念和发展观，以契合高质量发展的要求，这也为高职教育内涵发展提供了支撑。其次，"双高"建设充分展现出高职教育以人为本的时代育人情怀和担当。《双高计划》要求落实立德树人根本任务，着力培养一批产业急需、技艺高超的高素质技术技能人才。立德树人作为教育的根本占位，高职教育同样不能缺位。"双高"建设牢牢坚守"立德树人"的时代重任，在对受教育者进行专业技能培养的同时，还尤为强调对其终身学习意识、良好品格和职业精神的塑造，充分践行了以人为本的育人理念，这也正是高职教育内涵发展的现实要求。最后，"双高"建设将有力推动高职院校治理向更加现代化、科学化的轨道迈进。《双高计划》要求优化内部治理结构和体系，完善以章程为核心的现代职业学校制度体系，推进治理能力现代化。面对"双高"建设对高职治理结构和体系改革的要求，国内一部分高职院校展开了一系列的卓有成效的改革和实践探索，涌现出一大批先进典型和改革先锋，在多元治理架构和体系建设中，积攒了大量的先进经验，为高职内涵发展奠定了制度基础。

（二）高职教育内涵发展是"双高"建设的内在要求

《双高计划》要求加快推进内涵发展的体制机制建设，实现高等职业教育高质量发展。由此可见，推动高职内涵发展也是"双高"建设实现高质量发展的内在要求。具体而言，主要体现在以下三个方面：首先，"双高"建设以办学质量为先，同时兼顾办学规模的提升。特色高水平高职院校在高职扩招中扮演着重要的角色，也承担着更大的责任，高职扩招也为"双高"建设提出了新的发展契机，要求其提升办学质量的同时，兼顾办学规模的扩大，这也将为深化高职内涵发展奠定更加丰实的物质基础。其次，"双高"建设以办学特色为抓手，推动高职教育全面高质量发展。办学特色鲜明是"双高"建设的基本要义，也是实现高职教育内涵发展的内在要求。最后，"双高"建设在先进建设经验传承的基础上，不断改革创新，实现与高职内涵发展的有机统一。"双高"建设并不是凭空提出的，而是建立在国家示范性高职院校建设、优质高职院校建设的基础上，传承了以往高职内涵建设的先进经验和成果，并结合目前我国经济社会发展需求以及职业教育发展所处阶段，所提出的高等职业教育战略发展规划，这本身就是对过往高职内涵发展精髓的提炼、吸收和创新。

三、"双高"建设进程中高职教育内涵发展的困境思忖

"双高"建设与高职内涵发展是一个有机统一体，二者相辅相成，不可分割。在当前我国"双高"建设的推进过程中，厘清高职教育内涵发展中面临的困境，并有的放矢地采取相应举措，将有助于提升"双高"建设的成效。具体而言，当前我国高职教育内涵发展中还面临着以下五大困境。

（一）办学定位缺乏精准度

办学定位是高职院校发展的生命线，也是决定高职院校能否实现内涵发展的核心要素之一。特色高水平高职院校建设的提出，为当前高职院校的发展方向和办学定位指明了方向，但从当前我国高职院校的办学定位来看，仍然存在着千校一面的突出问题，很大一部分高职院校的办学定位缺乏科学的论证研究，缺乏精准度，单一化、同质化等问题严重，消解了高职教育内涵发展的效度。具体来看，主要体现在以下三个方面：

首先，办学理念滞后，未能做到与时俱进。随着国家一系列指导文件的出台，职业教育迎来了新一轮改革发展的春天。然而，一部分高职院校对国家政策缺乏深刻的认知，甚至对特色高水平高职院校建设还存在一定程度上的误读，自然难以在办学理念上进行适切调整。特色高水平高职院校建设目标定位为"引领

改革、支撑发展、中国特色、世界水平"，集中体现在强化内涵、特色办学、层次提升等方面取得重要成就。然而部分高职院校在办学理念上仍然墨守成规，片面认为"高水平"就是办学层次高、硬件条件好、办学规模大，由此导致部分高职院校在办学过程中贪大求全，一味地追求办学规模和层次的扩大，追求升格为本科院校或职业技术大学，忽略了办学特色和内涵建设，未能真正地在提升办学效益和质量上下功夫。

其次，办学定位缺乏科学论证。当前我国高职院校市场化主体参与办学的力度还较为薄弱，主要以公立院校为主导。然而，公办院校在一定程度上存在行政干预办学问题，尤其是高职院校办学定位的设计上，往往会出现行政化过度干预导致学术权威薄弱的问题。公办院校办学定位确立中缺乏教职专家群体的参与和论证，主要由部分行政管理者进行主观决策，最终导致学校办学定位的科学性不足，脱离自身办学实际。

最后，办学定位与社会发展的对接度不足。面向区域行业、聚焦地方产业办学是职业教育的根本，也是其跨界属性的本质要求。高职教育理应以职业为导向，强化对受教育者的专业应用技能培养，然而，部分高职院校受到社会学历本位的影响，仍然遗留"重学历、轻技能、重理论、轻实践"的思想。并且为了迎合部分学习者的升学需求，吸纳更多的社会生源，甚至很大一部分高职院校大办学历教育，忽略了职业技术教育的本质。《双高计划》强调为中国产业走向全球产业链中高端提供高素质技术技能人才支撑，然而，部分高职院校在办学过程中，未能面向行业产业发展主动调整办学理念，导致人才培养与社会需求脱节。

（二）专业建设缺乏创新度

《双高计划》要求打造高水平专业群，健全对接产业、动态调整、自我完善的专业群建设发展机制，发挥专业群的集聚效应和服务功能。专业建设作为"双高"建设的重点内容之一，其建设成效直接影响到《双高计划》的目标实现。面对高职内涵发展的要求，要大力推动特色高水平专业建设，通过专业建设提升人才培养水平。然而，当前广大高职院校在专业建设上还较为缺乏创新度，集中表现在专业建设"内卷化""同质化"这两个方面。

一方面，专业建设趋于"内卷化"。我国新经济发展的推进、产业转型升级的步伐加快对高职院校的人才供给规格以及技能结构提出了新的要求，而专业结构决定人才培养的规格，并对人才的专业技能结构产生深远影响。由于高职院校长期受各方利益驱使，专业建设上习惯于"供给"导向，在一定程度上忽略了"需求"导向，导致专业供求错位，呈现出明显的"内卷化"倾向。部分高职院校为了在生源竞争中获得更多的优势，盲目设置一些资源投入少的"热门"通用型专业，偏离服务社会的基本价值，由此以来，学校原本就十分有限的教育资源被分流到所谓热门专业建设中，不仅无法保障新专业的办学质量，还会进一步侵蚀学校原有优势学科，影响办学质量的提升，陷入一种无法自拔的"内卷化"发展漩涡，在自我内耗中贻误专业发展时机。

另一方面，专业建设面临"同质化"。当前高职专业设置中充斥着"招生论""规模论"思维，片面追求招生和办学规模，加上我国高职院校专业设置上并未配备风险补偿机制，导致各高职院校在进行专业建设时，更多地关注的是专业投入产出比，大多数高职院校往往倾向于开办那些建设成效快、成本投入低的通用型专业，而与战略新兴产业相关联的生产技术类专业偏少，由此导致专业资源低水平配置、专业重复建设，陷入无序的同质化竞争。

（三）师资结构失衡，实践教学能力有待提升

《国家职业教育改革实施方案》提出 2019 年起，职业院校教师原则上从具有 3 年以上企业工作经历并具有高职以上学历的人员中公开招聘，2020 年起基本不再从应届毕业生中招聘，并且到 2022 年，"双师型"教师要占专业课教师总数超过一半。由此可见，国家针对职业教育师资建设提出了明确具体的要求和目标，以期通过师资建设提升职业教育教学和人才培养质量，增强职业教育发展内涵。从当前我国高职师资建设情况来看，师资队伍薄弱问题一直未能得到很好的解决，具体体现在两个方面：

一方面，高职师资队伍结构失衡问题突出，集中体现在年龄结构、学历结构等方面的失衡。年龄结构上的失衡主要体现在高职教师群体趋于青年化，年龄结构上缺乏梯度。尤其伴随着新兴产业技术的不断涌现，高职院校普遍加强了以新能源、新技术、智能制造等方面的专业建设，然而，教师主要来源于高校应届毕业生，缺乏相关领域的资深教师作为引领。高职学历结构上的失衡主要表现在本科学历教师占比过大，具有硕士、博士学历的教师占比较少。尽管近年来高职院校加强了高学历人才的引进，在一定程度上也推动了师资整体学历的提升，但高层次人才队伍建设任务艰巨，与普通本科院校相比，高职囿于发展平台所限，对于高学历人才的吸引力和留任率不足，这成为制约高职内涵发展的重要因素。另一方面，现有的高职教师由于缺乏企业实践或工作经历，导致实践教学能力薄弱。实践教学作为高职教学的重要组成部分，是培养高素质技术技能人才的重要途径。从前文的分析可知，当前高职教师主要以应届毕业生为主导，而这一群体理论知识储备相对扎实，但实践能力却普遍不足，与高职实践教学所要求的能力结构还存在着较大的差距。

（四）社会化服务能力不足，缺乏内外部条件的有力支撑

"双高"建设将提升高职社会服务发展水平作为改革发展的重点任务。从目前来，我国高职院校社会服务职能发挥不足现象普遍存在，在区域经济和产业发展中缺乏有效支撑。究其原因，可以归为三个方面的因素。首先，高职院校自身缺乏充分的社会服务意识，服务认知受限。我国高职教育发展起步较晚，并且长期受到"学历本位"的封建文化思想的影响，导致部分高职院校在办学意识上存在一定的"重理论灌输、轻技术应用"的倾向，对社会服务的价值认知度较低，长期以来缺乏积极参与社会服务工作的主观能动性。其次，客观条件有限，导致社会服务能力受限。提升高职教育社会服务能力，增强职业教育发展内涵，不能仅仅停留在口号上，还需要大量的人力、物力和财力支撑。目前高职院校的硬件配置，还较为薄弱。高职教学实训设备的建设需要耗费大量的财力，尤其是大型机床设备，动辄上千万的投入，高职院校家底原本就较为薄弱，很难定期对其进行更新换代，高职现有的硬件实训设施设备很大一部分来源于企业的淘汰品，仅仅只用于简单操作与模拟仿真，严重滞后于企业实际生产发展需要。从以教师为主体的软件配备来看，目前高职"双师型"教师在师资队伍中的占比还较低，并且以青年教师为主体的高职教师实践教学能力水平不高，导致社会服务能力受限。最后，缺乏足够的社会认同，服务机会受限。高职院校受到自身办学历史、文化等多重因素的影响，长期以来社会大众对其带有一定的偏见，认为职业教育是不入流或低人一等的教育类型，更难获得社会的广泛认同。如此一来，高职院校在社会资源或机会的获得上受到很大的限制，政府机构、企事业单位、产业组织等在重大科学决策、科技研发、管理咨询项目的合作主体选择上，通常会向具有雄厚实力的重点大学或科研院所倾斜。可见，很难获得相应的社会服务机会和资源支持，对于原本社会服务能力就比较薄弱的高职院校而言，无疑是雪上加霜。

（五）高职院校科层化烙印浓厚，内部治理结构的开放度不足

加快完善高职治理结构和体系，推动高职教育治理现代化是高职内涵发展的必由之路。从当前高职院校的治理现状来看，科层化烙印明显，泛行政化问题还较为严重，集中体现在高职管理的行政化、行政活动职权化、教师群体边缘化等方面。具体而言，在高职办学管理过程、学术工作以及各项决策中学术权力一直处于虚位状态。尤其是在以高职二级院系为主体的教学单位中，行政权力对于教务活动的干预问题时有发生，一线教师在教学活动开展中完全听命于行政决策，缺

乏自主权，从上而下的泛行政化倾向严重制约了高职治理水平的提升，对高职教学和人才培养工作产生了一定的冲击。

除此以外，高职内部治理结构还十分封闭，开放性不足。高职教育的跨界属性要求其人才培养离不开以行业企业为代表的产业界参与，同样在高职治理结构的建设中仍然需要吸纳社会主体的参与。然而，由于我国高职院校的办学历程较短，其治理结构具有很强的封闭性，尚未建立起多元参与的治理体系和机制。企业作为高素质技术技能人才培养的主体，在高职院校治理活动中的话语权不足，高职人才培养事宜主要听命于学校的安排，封闭化的内部治理结构导致校企合作难以深入。

四、以"双高"建设为翘板，深化高职教育内涵发展的出路和方向

（一）确立科学的办学定位是推动高职内涵发展的先导

我国高职教育发展过程中暴露的种种问题和矛盾，很大程度上是由于未能确立科学先进的办学定位所致，因此，高职教育要实现内涵发展，在"双高"建设中创造出更大的社会价值，就应当确立科学的办学定位，以此为先导带动高职教育走向创新发展之路。《双高计划》要求高职院校牢牢坚守中国特色的办学定位，以服务新时代经济高质量发展为目标，为中国产业走向全球产业链中高端提供高素质技术技能人才。在办学定位的确立上，应秉持两个方面的要点：一方面明确引领高职教育发展的使命和愿景，由此科学规划学校的办学规模、专业设置、师资建设方向、教育教学质量标准等；另一方面，科学确立人才培养目标和实施路线图，即面对社会发展高职应培养什么人才、如何培养人才等。在《国家职业教育改革实施方案》中，开宗明义地指出"职业教育与普通教育是两种不同教育类型，具有同等重要地位"。对此，高职教育要办好类型教育，需要找准自身定位，加快推动由参照普通教育办学模式向企业社会参与、专业特色鲜明的类型教育转变，充分彰显高职教育的跨界性，打好内涵发展攻坚战。

（二）构建特色高水平专业群是推动高职内涵发展的依托

专业是职业教育的基本组成单元，也是人才培养的首要切入点，它定义了人才培养的规格、标准与方向，也是职业教育与岗位、职业、行业相衔接的重要媒介，体现了企业、社会的需求，专业建设在某种程度上是专业教育办学能力、水平、特色、竞争力的体现。特色高水平专业建设作为"双高"建设的主体之一，也是推动高职内涵发展的依托。加快推动特色高水平专业建设，构建高水平专业群，建议从以下几个方面入手。

第一，建设专业动态调整机制，科学规划和布局专业结构。高职院校的专业结构是其教育理念和办学定位的体现，间接反映了学校的发展方向与办学特色。在专业设置前，要认真详细地进行市场需求和行业发展的调查研究，并结合地区经济发展的趋势和产业结构特点，做好专业布局，强化专业与产业的对接。专业与产业对接的实质是职业教育培养的人才与社会需求对接，其表现是职业院校的毕业生能够运用自身所学为社会创造价值，同时得到社会的认可和重用。我国广大职业院校的专业设置、专业结构和专业布局大多是针对国内传统产业体系和服务业体系而设立的，在我国社会经济发展步入新常态的大背景下，国内的经济发展方式和产业结构发生了重大变革，各行各业基层岗位的工作性质、内容都发生了新的变化，对专业技术人才的要求也有所不同。《双高计划》要求面向区域优势特色产业，建立健全动态调整、自我完善的专业群建设机制。因此，高职院校走内涵发展的道路，专业设置与调整也必须紧跟市场步伐，不断进行优化升级，需要构建多元主体参与的高职专业动态调整机制。

第二，在高职特色高水平专业群建设中，要明确各方主体的角色定位。首先，政府要进行宏观调控，把握全局。在高职院校专业建设上，政府应简政放权，强化自身的服务者角色，要充分考虑高职教育的双重属性，适当调整和优化其在高职院校专业设置上的功能和方式，可以通过相关立法或政策的支持、财政的投入、信息服务等多种方式，来恰当地发挥政府的指导作用。其次，强化高职院校的办学自主权。在专业设置上，要保证高职院校的主体地位和主导作用。高职院校的专业动态调整是保持人才培养质量与专业发展活力的主要渠道，构建与市场需求相衔接、与产业结构相匹配的专业动态调整机制是高职院校提高市场竞争力的有效途径。高职院校应根据产业机构的升级和市场需求的变化，保证专业设置的自主性和灵活性。但是也必须注意到，劳动力市场对人才需求的变化具有一定的短期性和盲目性，与高职院校人才培养的滞后性和周期性存在冲突，如果完全顺应市场变化，专业设置与调整时不注重前瞻性与稳定性，也会脱离生产实际，不仅影响人才培养的时效性，还会使高职院校的专业建设走向不稳定发展的道路，不利于高职院校的高质量发展。因此，在保证高职院校办学自主权的同时，要正确平衡专业的稳定发展和动态发展之间的关系，在考虑市场需求的情况下，力求专业的整体稳定发展，实现专业建设的动态平衡。最后，产业界要积极响应，广泛参与，使产业结构与专业设置高度吻合。可以邀请行业专家、企业代表参与构建高职专业设置委员会、教学督导委员会、专业建设评议会等组织形式，提升产业界在高职专业建设中的积极性与话语权。同时，加快校企合作与产学研一体化进程，依托产业联盟，构建科学完整的校企合作机制，对校企协同人才培养和专业开发的模式进行创新探索，扩大高职院校的开放性，努力提高产业界与高职专业设置的利益关联性，加大产业界在高职院校建设中的影响力，吸引越来越多的市场主体参与到高职专业建设中来。

第三，高职院校要分层逐类地开展特色化专业群建设。专业群建设是一项复杂的系统性工程，要充分运用协同理论、系统论的方法原理来指导，采用分层分类、逐步推进的方法做好专业建设。要集中力量建设一批特色鲜明的专业群，以特色专业和优势专业为重点，塑造高职院校自身的品牌专业，提升高职教育发展的影响力和凝聚力。同时，在专业建设方面还要不断创新工作方法，使常规学科的专业建设在生源特点和办学客观条件的基础上形成自身特色。

（三）打造"双师型"教师队伍是推动高职内涵发展的保障

随着我国经济发展方式的转变，全产业链的各个环节都呈现出信息化、智能化、知识密集化的特征，用人单位对一线岗位工作人员的综合素质要求越来越高，过去重学历轻能力，重知识技能培训、轻综合素质培养的教育模式已经不能满足产业发展对职业教育的需求。对此，高职院校必须构建起以专业知识和技能教育为基础，以综合素质培养为重心的新型教育模式。要做到这一点，关键就在于构建一支专业功底扎实、实践能力强、综合素质高的"双师型"教师人才队伍。高质量的师资队伍是职业教育技能型人才培养的关键，在高职教育人才培养开放化、社会化的背景下，大力推进多样化、社会化的"双师型"师资队伍建设是实现内涵发展的重要途径。目前来看职业教育内涵式发展和深化改革中进程师资队伍建设仍然是薄弱环节，缺少专业带头人，专业教师实践能力不强、结构不合理等问题十分突出。《双高计划》提出要以"四有"标准打造数量充足、专兼结合、结构合理的高水平双师队伍，为此需要从以下方面着手。

首先，坚持"引聘培"开放聚智理念，打造"专兼互补"的专业师资队伍。高职院校必须以高水平专业群建设需求为导向，完善"双师型"教师的柔性引进政策，在发展壮大校内全职师资力量的同时，坚持"三个面向"的开放引进理念，面向国内、国外，面向行业、企业，面向领军人才、知名专家和大师名匠等引进兼职教师；采取刚柔并济的灵活聘用机制，优化招聘流程，实现高层次、高技能人才以直接考察方式公开招聘；或以"不为我有，但为我用"的原则，按"一事一议""一人一议"的方式设置柔性岗位，引进聘用"双师型"教师。

其次，健全三阶段"双师型"教师培育体系，形成职前、入职、在职等进阶成长保障。按照《双高计划》的要求，高职院校要建立涵盖教师整个职业生涯的研修体系，修订教师培训相关制度，健全"职前、入职、在职"三阶段的"双师型"教师培育体系。高职院校应推动职前教师基本能力培养，重点提升职业教育认知水平、师德素养、教学能力等教师基本能力；开展教师入职岗位基本能力培训，重点提升教师的行业认知、现代教学技术、本专业实训室操作使用等岗位基本能力，帮助教师快速适应专业教学工作；构建教师在职可持续发展能力研修体系，重点提升教师政治理论与职业道德素养、专业知识、专业技术技能、教学技术与方法等可持续发展能力，增强教师发展潜力；持续提升双师素质，建立健全师德师风考评、监督与激励、环境和氛围影响机制，将师德师风培养贯串教师职业全阶段，营造浓厚的师德师风建设氛围，培养德艺双馨的"双师型"教师。

最后，鼓励教师积极参与企业挂职锻炼。在当前深化校企合作的大背景下，高职院校应该支持鼓励教师参与企业的生产经营活动和科研活动，在教师的专业水平、自身发展意愿和企业需求之间找到平衡点，对于专业教师开展针对性强的企业实践活动，搭建校企合作教师实践平台，并给予优秀教师适当的奖励，鼓励教师积极融入企业的生产经营一线，提高实践技能，提升教师的双师素养。

（四）增强社会服务能力是推动高职内涵发展的目标

人才培养、科学研究、社会服务是现代职业教育的三大社会职能，人才培养和科学研究的价值最终也要归结到服务社会经济发展这一落脚点上来，从这个意义上来讲，高职院校的社会服务能力建设不仅关系到学校直接参与社会经济实践活动的成效，还与人才培养、科学研究的质量和效益密切相关，理应作为推动高职内涵发展的重点工作。

首先，要加快转变思想认知，树立正确的社会服务意识。我国高职院校自身实力有限，服务社会能力薄弱，同时高职教育工作者的思想观念落后，导致社会服务意识缺乏。第一，高职院校要将社会服务能力建设摆在与专业建设、教学质量提升等同等重要的位置上来。高职院校教职工要彻底转变思想观念，使社会服务意识深入人心。第二，要在教师群体中和校园文化建设中加大宣传力度，加强对教职工的培训，让全体教职工树立为社会服务光荣的意识。

其次，要加强高职院校社会服务平台建设，并制订相应的激励与评价机制。高职院校教师的社会服务意识得到加强后，为了教师能更好地服务社会，还需要为其搭建平台，提供相应的机制保障，这样才能确保高职院校社会服务的长久持续发展。近些年，国家大力倡导与支持高职教育走校企合作、产教融合的道路，在此背景下，高职院校应该充分借助行业企业的优势，深化校企合作，搭建多元主体协同合作的社会服务平台，为高职院校的教师参与社会服务提供有利条件和机会。同时，高职院校针对教师参与社会服务，还应配套完整的激励评价机制，把教师的社会服务成果和教学能力、科研成果等一同作为绩效考核的重要指标，提高教师参与各类社会服务的积极性。

最后，加强资源配置的统筹，加强学校硬件设施建设。高职院校教师提供社会服务还需要完善的设施设备和场地的支持。高职院校要实现办学资源来源的多元化，加强资源统筹，提高资源的配置效率，吸引社会资金加强学校的基础设施建设，努力提高办学硬件条件，为高职院校的教师参与社会服务提供物质保障。

（五）深化内部治理结构改革、构建开放化的治理体系是推动高职内涵发展的抓手

《双高计划》要求完善以章程为核心的现代职业学校制度体系，形成学校自主管理、自我约束的体制机制，推进治理能力现代化。加强高职院校内部权力结构治理是高职教育面对教育治理现代化的应然之策。当前，我国高职院校的内部管理模式和运行制度以行政化为主导，这种封闭化的治理结构导致党政不分、办事效率低下、行政机构臃肿、学术受行政干预过多等问题，同时阻碍了多元利益主体参与的积极性。高职院校与普通本科院校的最大差别就是与行业企业以及生产实际的联系最为直接和紧密，因此，高职教育的发展离不开社会多元主体的参与，需要各方力量的支持。所以，建立开放性的治理体系，打破内部封闭性的治理结构，弱化行政主导作用，持续深化内部权力治理结构改革，形成多元主体共同参与的治理结构，是推动高职内涵发展的抓手。

在"双高"建设背景下，高职院校应该构建由行业企业、社会团体、专家学者、师生群体、家长等多方利益相关者组成的开放式的内部治理结构，同时要充分发挥市场在资源配置中的基础性作用，积极引入市场机制，加强行业企业的主体作用的发挥。第一，要健全校企合作、产教融合相关的法律法规，从法律上保障企业参与高职教育办学与内部治理的权益，充分发挥其主体作用。第二，加快制定与行业指导相关的规章制度，提升行业协会的指导能力，鼓励行业可以通过购买服务、授权委托等方式参与到高职院校治理中来。第三，制定高职院校治理共同体的支持政策，邀请各方利益主体在高职院校治理改革中贡献自己的力量。

第二节 "双高"建设背景下高职专业群建设的逻辑、价值与路径

"双高"建设背景下，高职专业群建设具有时代特定的理论逻辑、组建逻辑

和实践逻辑。加强高职专业群建设，有利于破解"双高"建设标准缺失的难题，满足学生职业发展导向性的现实需要，实现"人才链"与"产业链"的融合。基于此，具体建设路径需要从教育本质属性、学校专业特色、产教融合三个角度发力。

2019年4月，教育部、财政部联合印发《关于实施中国特色高水平高职学校和专业建设计划的意见》（下文简称《双高计划》），提出"集中力量建设150个左右的高水平专业群"的总体目标，加强专业群建设是当前及未来一段时期内"双高"建设的重点内容。"专业群建设"采用的是系统化、集合化、体系化的概念，就是以一个或者多个办学实力、就业率"双优"的专业为核心，以若干个行业雷同或接近、技术领域相似、基础学科相同的专业为重要构件，共同形成专业集群。专业群是我国当前高职人才培养的基本单元，具有奠基性作用，深入思考高职专业群建设的逻辑、价值和具体实施路径，很有现实指导意义。

一、"双高"建设背景下高职专业群建设的逻辑

按照集合化、体系化的发展思路，目前我国高职专业群建设主要基于两种考虑：一是以行业为中心，围绕行业需要形成专业大类，反向推动学校办学发展；二是以学科为中心，结合学校办学历史、办学经验和现有资源组合专业，由学校正向输出人才。两种分类各有侧重，所牵涉的利益主体和人才培养路径也各有不同，建设过程中也难免引发参与主体之间的矛盾，给高职专业群建设带来一定的困难。为促进各主体的通力合作，提升高职专业群建设的总体水平，有必要从理论、建构、实践三个方面，对"双高"建设背景下高职专业群建设的逻辑进行探讨。

（一）高职专业群建设的理论逻辑

首先，符合政策目标。国家实施"双高计划"、重点支持一批优质高职院校和专业群率先发展的初衷，就是牢固树立新时代新发展的理念，满足建设现代化经济体系和高质量就业需要。贯彻落实这一初衷的基本原则在于坚持中国特色、坚持产教融合、坚持扶优扶强、坚持持续推进、坚持省级统筹五个方面。这些政策指示精神为高职专业群假设提供了根本的理论遵循，因此，在建设高职专业群的过程中，必须准确把握理论立足点，找准核心发力点，不忘初心、遵守原则，逐步分解、细化、落实，最终实现"建设引领改革、支持发展、中国特色、世界水平的高职专业群"的发展目标。

其次，遵循教育规律。教育规律与其他规律一样，都是不以人的意志为转移

的，高职专业群建设必须遵循教育规律。事实上，我国高职专业群建设的发展历程始终与经济社会发展规律对人才的实际需要同步。高职专业群建设遵循着"示范——骨干——优质——双高"的由低到高、由浅入深的内部逻辑，育人目的和核心评价指标经历着由"就业率导向"到"就业质量导向"、由"工具人"到"全面发展的人"的转变。这一内在核心规律性的理论因子，必须在未来的高职专业群建设中得以传承。

最后，体现专业特色。就我国目前高职院校建设情况而言，大部分学校是依托或面向某一特定行业或产业办学的，二者之间具有相对固定的合作关系、人才输送关系以及利益捆绑关系。在这一背景下，高校办学想要形成自身的专业优势和核心竞争力，就势必要基于特定的产业或行业形成差异化的办学特色。因此，高职专业群建设要结合自身办学实际体现专业特色，或聚焦当地核心行业，或集群传统办学优势，或充分利用政策红利，对现有专业的科学化集群适度引入新鲜血液，围绕"特色"这一主题形成差异化的市场竞争力，提高人才培养的针对性和适应性。

（二）高职专业群建设的组合逻辑

首先，满足外部经济动能转换和产业结构升级要求。之所以进行专业群建设，就是要通过对各部门优势资源的集聚，形成"整体大于部分之和"的集群效果。因此用科学的手段进行专业群组建，是构建高职专业群的必然前提。高职教育受社会经济、文化发展水平的影响和制约，必然在社会整体的框架要求下进行构建。从现实需要的组合逻辑来看，满足外部经济动能转换和产业结构转型升级的要求，应当居于首要地位。高职院校应满足外部经济动能转换需要，锁定区域发展优化专业群内部各专业主体，适应产业结构从低级形态到高级形态的转变，注重为高附加值的技术密集型产业培养人才。

其次，调整内部专业结构和整合教育资源需求。从教育系统和高职院校的内部视角来看，组建高职专业群不仅仅要满足经济社会发展的需要，更要考虑自身的发展状况、优势领域、资源配置情况、内部体系建设等方面。只有自身建设着力点与社会现实需要步调一致，才能实现真正的共商共建，实现供给侧与需求侧的完美融合。一方面，要坚持稳定性与动态性相结合的原则，在组建专业群时，既要考虑到当前校内各院系、专业之间组织关系、课程体系、人际关系、对接关系的相对稳定，又要能够根据需求侧变化做出动态调整，循序渐进地实现由分散的专业向集约的专业群的过渡，尽可能降低试错成本。另一方面，要以集约性为原则对教学资源进行整合，通过建立教师团队、培养平台、学生组织之间的交互关系，在不同专业间构建起"形散神聚"的联合体，待联合体发展到一定阶段后，再将各单体专业进行整合，最终实现集约型资源的优化配置，达到专业群建设的目的。

最后，实现外部要求与内部需求之间的良性互动。基于外部经济动能转换和产业结构升级要求和基于内部调整专业结构和整合教育资源的高职专业群假设组合逻辑，其出发点虽然内外有别，但就其根本目的而言，都是建设兼具产业化功能和育人价值的专业培养体系，降低育人成本，满足现实，落脚点大同小异。要真正提升高职专业群建设的科学化水平，其终极组合逻辑在于实现产业链需求、职业或岗位需求、资源共享、优势带动的一体化构建，在统筹考虑内外部因素的前提下，实现外因与内因的良性互动。基于此，要加强专业群治理体系建设，顶层设计与细部构建统筹考虑，避免顾此失彼。

（三）高职专业群建设的实践逻辑

首先，聚焦时代变化实行灵活建群。人们对教育规律的认识随着时代的发展与时俱进，现实社会需要也在随时随地发生变化，因此在专业群建设的实践层面，要遵循灵活性的原则。当产业变化云诡波谲之际，有时即使高校内部还不具备专业群建设的现实条件，也需要做好筹划和专业群结构搭建，先做框架，再填血肉，最后形神兼备。有些时候，高职院校的发展进程也可能先于社会历史潮流，此时，这些领先一步的院校要敢于做社会历史的弄潮儿，发挥榜样带动作用，自发地去做社会历史的创造者。总之，时代的变化不可阻挡，但主体能动性的发挥对于高职专业群建设的整体进程更为关键，把握好了灵活性原则，建设之路将举重若轻。

其次，聚焦岗位需要，打破物理界限。高职专业群建设的物理空间主要包括内部与外部、内部要素之间、外部要素之间三个方面。内部与外部之间的物理界限是指产业需要与办学需要之间的界限，即行业本位与校园本位的区别。内部要素之间的物理界限是指各院系之间、各学科之间、师资队伍之间、实习实训资源之间的现实区别，具体体现为竞争关系和利益关系。外部要素之间的物理界限是指行业之间、职业岗位之间、技术技能之间的交互关系。三方面各要素之间相对固定，但高职专业群建设又必须打破这些固有的关系，这势必会带来阻力。因此，在专业群建设的实践逻辑上，必须打破这种界限的区别，综合运用强力手段规避变革所产生的不利影响，抓好建设主流，推动整个高职教育模式的变革。

最后，聚焦建设效果，强化过程控制。目前国内大多数学者对高职专业群建设进行判定，成效主要集中在三个方面：一是通过分类培养，做到了因材施教；

二是通过产教融合，做到了双肩育人；三是增强了产业和学校相互结合，共同服务经济社会发展的能力。因此，专业群建设实践逻辑的落脚点也应突出成果导向并做好过程控制。一是加强对专业群建设分类的科学性评估，确保专业群建设具有强烈的针对性和一定的可操作性；二是寻找产业需要与育人目标直接的结合点，平衡双方的利益关系，共同促进高职学生社会适应性和自我价值感的双向提升；三是使产业与学校之间形成育人共识，即教育不是为了满足某一方的需要，而是共同服务于国家社会发展的，在相互理解、配合下，保证建设效果。

二、"双高"建设背景下高职专业群建设的价值

"双高"建设背景下加强高职专业群建设具有破解建设标准缺失、满足学生职业发展导向性、实现不同主体培养目标融合三个方面的价值。

（一）有利于破解"双高"建设标准缺失的难题

目前，无论是从国家政策方面，还是从高职院校对专业群的具体构建方面，研究和发力的重点都在于宏观的思路布局，对于微观建设标准的评估并不健全。江苏省 2015 年曾经公布过职业学校专业群建设的具体标准，设计了专业群构建、培养模式改革等六个大的指标，分解为十七个二级建设指标。这套指标体系具有一定的参考借鉴意义，但是对于整个国内高职教育生态体系的总体布局参考价值不大。全国各个省份受社会历史条件和经济发展制约对"双高"的要求和专业群的具体需求不甚相同，因此，以地区为基点出台的相关建设标准必然影响力有限。如果全国各地能够联合起来共同致力于专业群建设，那么势必能够带动学界、行业对于"双高"建设标准，尤其是专业群建设标准的讨论，因地制宜地为各区域提供参照，进而在全社会形成建群的新风尚。

（二）有利于满足学生职业发展导向性的现实需要

一般而言，专业群建设的核心主体是高职院校，第一辅助主体是行业或产业，但鲜有人认识到，学生主体在高职专业群建设中的定位显然不亚于前两者。高职学生是连接行业与高校的中介，是专业群建设的第一成果表现形式，因此，加强高职专业群建设，必然有利于满足学生发展的需要。学生发展的需要主要表现为学生职业发展的导向性，具体包括谋生手段、社会角色、自我实现三个层面。满足生存是基于人的生物属性的第一层级需要，适应社会、融入社会、扮演社会角色是基于人的社会性的第二层级的需要，自我实现需要是基于成为一个"全面发展的人"的人类区别于动物的需要，是第三层级。高职专业群将单体专业组合成一个逻辑整体，并以经济社会需要为导向，满足了学生职业发展导向性

的具体要求，把握住了适应性、中介性、产业性三个维度，具有高阶的育人价值。

（三）有利于实现人才链与产业链的融合

人才链是高职院校向特定产业的正向人才输出过程；产业链是不同行业之间的上下游关系，高职院校可以居于产业链中的任何一环之中。人才链支撑产业链的发展和升级，产业链引导人才链的优化和完善，二者相互依存，互为支撑。但如果分别从高职院校和特定产业的主体方位归因，高职院校以培育人才为第一要务，特定产业以追求经济利益为工作圭臬，二者之间存在着先天的矛盾性。加强高职专业群建设，是促进产教融合的重要抓手，有利于解决这种先天矛盾，促进教育协同。

三、"双高"建设背景下高职专业群建设的具体路径

本部分的内容从实用性的角度出发，对接教育本质属性，对接学校角度的专业特色，对接产教融合的共同愿景，为高职专业群建设提出三条具体路径。

（一）明确建设定位，突出职业教育本质属性

职业教育的本质属性，在于职业生涯导向性。就职业导向性细分来说，涉及满足就业率的一般职业导向性、满足行业需要的技术技能导向性、满足学生自我实现的个人事业导向性。"双高"建设背景下的高职专业群建设，在全面关注职业生涯导向性三个维度的前提下进行定位，一是要通过优化课程体系、优化资源配置、对接产业需要建群，以满足一般职业导向性的要求；二是要精准分析行业需要，分析上下游产业链的需要，以产业链为依据来链接各专业，从而实现院系、学科和专业的集群建设，并通过激励淘汰机制的运用，确保师资力量、软硬件设施等配套到位；三是关注学生的自我实现需要，丰富学生的知识结构和技术结构，将其培养成既术业有专攻，又能够适应多元化行业需求的综合型人才，帮助其有更多的职场选择权，为成就个人事业、服务社会、贡献国家奠定基础。

（二）打造专业特色，推行属地化交互建群

受限于我国地域发展不平衡的现实国情，以及不同历史背景高职院校专业特色打造的现实需要，当前高职专业群建设可以通过聚焦属地、辐射区域的方式来打造，具体可以通过构建属地化交互建群体系来实现。一是对当地核心产业及其上下游所属关系进行精细化调研，调研应涉及历史人才需求、现实人才需求、未来发展方向等层面，通过细化各层面的人才选拔和培养指标，形成本校特色与社会需求之间的一一对位，为体系提供材料支撑。二是对本校各院系、各学科、师

资队伍、实习实训资源进行整体摸底,区别和平衡各种利益关系,以战略眼光和格局构建专业群建设中"合并同类项"的具体方案。三是密切属地区域内高职院校与支柱产业的合作关系,形成真正的利益共同体,将专业特色转化为行业特色,以当地主流产业为核心进行专业群构建,从而在拉动区域经济增长方面展现作为。

(三)构建共同愿景,推动人才与产业深度融合

人才链与产业链发展互为支撑,要保证高职专业群建设取得良好的效果,必须坚持人才发展与产业发展系统谋划,确定优先级关系以及细部构造的主从关系,从而保证资源投入有的放矢,有节奏、分阶段地推进人才和产业深度融合。一是确定高职专业群建设以高职院校为第一责任主体,学校高层领导、主力师资发挥主观能动性,加强与产业的对接,寻找合作办学机会;二是产业方面要加强资源服务平台建设,从履行社会责任的角度,配合高职院校办学,为地区专业群建设标准的确定提供思路或建设性意见;三是高职院校和属地产业之间要树立区域发展的共同愿景,共同以服务当地经济可持续发展为己任,将专业群建设作为区域发展的资源平台,通过不断打造和壮大,为当地发展提供源源不断的人才支持。

总之,"双高"建设背景下高职专业群建设是一个宏大的课题,需要经过长期复杂、艰苦卓绝的努力。但相信在国家方针的带动下,在高职院校、行业企业、师生的努力下,高职专业群必将成为我国技术技能人才培养的时代高地。

第三节 高职特色高水平专业群建设的价值内核、逻辑、问题与路径

高职特色高水平专业群建设的价值内核源于构建国家现代职业教育体系、服务产业发展与技术创新、提升高职院校办学水平以及促进学生成长成才的社会历史需要。加强高职专业群建设,从客观归因、主体功能选择以及执行者的实践层面考量,需要分别遵循理论逻辑、组群逻辑、行动逻辑。当前高职特色高水平专业群建设的问题主要表现在建设标准缺失、目标引领笼统、建设方案杂糅、发展离散度大等方面。建议通过明确专业群建设原则和主线、构建关键指标体系、实施动态化管理等措施,寻求破解路径。

随着《国家职业教育改革实施方案》(简称《实施方案》)的印发,各级教

育主管部门、财政部门、高职院校、企业协会等纷纷加快了对特色高水平高职院校和专业群建设的呼吁、倡导或探索。2019年4月，《教育部 财政部关于实施中国特色高水平高职学校和专业建设计划的意见》（简称《双高计划》）出台，正式拉开了"双高"建设的序幕。作为"双高"建设实施的关键任务，我国高职专业群建设经过近两年的推进，已经取得了阶段性的成效。并且，学界对专业群的研究也初显规模，但重点聚焦在内涵概念、管理机制、策略等方面，切入面较窄。本节拟聚沙成塔、连点成线，结合日常工作和调研经验积累，对高职院校专业群建设的价值内核、逻辑、存在问题以及实施路径进行体系化梳理，以求管窥高职专业群建设全貌，助力其在实践层面取得更好应用。

一、高职院校特色高水平专业群建设的价值内核

强化高职特色高水平专业群建设，既是国家政策方面的外在要求，又是推动高职教育高质量发展的重要手段，同时是新时代青年学生顺利就业、融入社会、成功成才的实际需要，具有丰富的价值内核。

（一）构建国家现代职业教育体系的内在要求

在以往普罗大众的认知里，职业教育一直被视为"次等教育"，与普通本科教育相比，无论是从录取批次上，还是社会重视程度上，职业教育长期以来都处于弱势地位。但《实施方案》专门强调了职业教育与普通教育具有同等重要的地位，各自分工不同，但价值意义同等重要。特别是随着我国经济社会建设高质量发展，人们越来越意识到，社会转型发展对技术技能人才的需求不断增加，只有在国家政策持续推动的基础上，建立现代职业教育体系，尊重人才的个性发展规律，探究更加多元化的职业教育方案，才能够为社会主义现代化建设输送更加优质的技术技能人才。在此背景下，锚定高职教育，作为"双高"建设两翼之一的"专业群建设"应运而生。

（二）服务产业变革与技术创新的现实需要

市场在经济发展中处于重要地位，在资源配置中发挥着决定性作用，教育资源的配置同样受到市场经济的深刻影响。随着我国产业变革和技术创新的速度加快，各行各业技术密集程度持续加强，对高技能型人才的需要日益增加，尤其是对兼具多元化技术素养的综合型人才的需求更加迫切。在此背景下，教育资源建设必然遵循市场调节规律，向技术密集型领域集聚。高职特色高水平专业群建设瞄准"专业"二字，其落脚点在于集群专业资源建设，从概念内涵上来看，完全符合新时代产业变革发展的要求，也满足教育资源向高技术产业集聚的需要。并

且，随着产业变革和技术创新的深入发展，企业也将更加青睐具有"专业群"教育背景的技术技能型人才。因此无论从内涵设定上还是实际需要上，高职特色高水平专业群建设都势在必行。

（三）提升高职院校办学水平的重要抓手

作为我国教育体系的重要办学主体之一，高职院校的地位越来越重要。但由于当前我国职业教育体系发展不完善、教育资源配置不均衡、生源条件参差不齐等原因，高职院校办学动力不足。从办学成效看，当前许多用人单位反映高职院校人才输出质量偏低，综合素质仍需提高，集中体现在理论水平不高、实践技能落伍、多面手匮乏、职业素养不足等方面。专业群作为高职教育办学的核心单元，直接影响着职业教育人才培养质量。特色高水平专业群可以为高职院校提高人才培养质量、输出高素质技术技能型人才提供重要支撑。在特色高水平专业群建设导向下，高职院校将相关专业或相似专业集中起来共同打造建群思路，把多方面资源集中整合起来，形成集群效应，达到整体大于部分之和的效果。可见，特色高水平专业群建设也是高职院校提升办学水平的重要抓手。

（四）促进高职学生成长成才的客观需要

在高职教育活动中，学生无疑处于关键地位，高职特色高水平专业群建设也必须将学生摆在核心位置，关注学生主体作用的发挥，使其在成长成才方面自觉发力。专业群建设一方面集聚了单一产业链上下游各专业，利于学生对接实际需要，形成知识体系；另一方面客观上形成了不同专业之间学生的竞争关系，方便不同专业学生开阔眼界、加强交流，使各自更加明确在同班同学、同专业学生、全产业链同学之间的位置，理解只有通过不懈奋斗学精专业、塑强本领，将来才能有自己的立足之地。从以上来看，加强特色高水平专业群建设客观上符合高职学生成长成才的需要。

二、高职院校特色高水平专业群的组群逻辑

如前文所述，高职特色高水平专业群建设通过将相关专业组成一个集合，形成整体化优势，实现系统化的技术技能人才培养，更好地对接和满足产业链的发展需求。高职特色高水平专业群建设逻辑主线研究的核心就在于"组合"二字，即确定其"以什么为标准组合"。目前，部分学者从产业、专业、就业三方面确定专业群逻辑主线，也有学者从学科技术、行业指向、组织管理三维度对逻辑主线进行探讨，还有学者从产业逻辑、岗位逻辑、知识逻辑三角度进行过类别研究。上述研究均有一定道理，也有一些建构共性，具有一定的参考价值。但综合

来看，依然局限于专业群建设的技术层面需要，"工具性"的意味较为强烈，对外忽视了社会环境的影响，对内忽视了复杂人际关系的作用，"体系化"的思考有所不足。鉴于此，我们拟从理论逻辑、组群逻辑、行动逻辑三方面，尝试建构基于高职教育本身、建构主体、执行者三方的逻辑主线体系。

（一）理论逻辑：高职教育的客观归因

第一，符合政策目标。根据党的十九届五中全会公报，我国到 2035 年实现现代化建设的远景目标，首要的就包含"关键核心技术实现重大突破，进入创新型国家前列"。要实现这样的远景目标，需要各级教育主管部门、办学单位久久为功的不懈努力。而国家实施《双高计划》、重点支持一批优质高职院校和专业群率先发展的初衷，就是牢固树立新时代新发展的理念，服务建设现代化经济体系和高质量就业的需要，为实现远景目标加码发力。因此，国家的政策要求为高职特色高水平专业群建设提供了理论逻辑基点，政策原则即逻辑出发点，政策目标即逻辑落脚点。高职特色高水平专业群建设从原则上要坚持中国特色、坚持产教融合、坚持扶优扶强、坚持持续推进、坚持省级统筹；从目标实现上要着力促进办学水平、服务能力、社会影响的显著提升，引领国家职业教育的整体发展，从而使其更好地与普通教育打组合拳，在国家教育体系中发挥应有的作用。

第二，适应职业教育办学规律要求。教育规律是教育内部诸要素之间，教育与其他事物之间内在的必然的本质性联系。聚焦到高职教育中，教育规律集中体现为职业性、技术性、专业性等基本内在属性。因此，高职特色高水平专业群建设要在符合教育大规律的前提下，致力于培养适应生产、建设、管理、服务的高素质技术技能型人才。具体来说，一方面要重视实践育人，切实提高受教育者的适岗能力，重视专业群中各专业实践教学的比例搭配，突出重点、兼顾综合，使学生通过"在校学习""在企实训"具备上岗能力，从而提高上岗后将个人价值转化为社会价值的可能性；另一方面要加强德育，培养劳动精神，高职教育人才主要以一线岗位为主，大多直接对接生产线的就业指向，只有使其具有劳动精神，树立工匠精神，才能提高岗位黏性，使其更好地在一线岗位建功立业和增长技艺。

第三，展现专业特色。高职专业群的建设是一个从政策适应、目标确定、资源整合，再到管理机制维持、不断更新向前发展的过程。任何高职院校进行专业群建构其大体思路无出其右。但基于各高职院校发展历史、所处区位、资源优势、生源条件等不同，加之市场化办学所导致的竞争的加强，高职院校要想完整地完成上述专业群建构路径，就必须以专业特色为核心，实现差异化构建。比如，以当地特色产业为核心，通过校企合作的方式，形成人才输出与接收的利益捆绑模式，从而使专业群建设体现专业特色，同时有利于通过这种专业特色拉动地区经济的整体发展。再如，以未来社会发展需要为基点，加强对产业需求的预见性评估，提前做好特色高水平专业群人才储备，以更主动的心态改变环境，从而在展现专业特色上赢得先机。

（二）组群逻辑：主体的功能选择

第一，依据产业链要求组群。依据产业链要求组建专业群的出发点，是高职院校围绕育人基本目的进行专业群功能选择。产业链是各个产业部门之间基于一定技术经济关联而组成的链条式产业形态，是一个比较宏观的概念，存在着大量的上下游关系或交换关系。高职特色高水平专业群建设同样是依据一定的组合标准对不同的专业进行组合，各专业之间也存在多种形态的上下游关系或交换关系，是一个相对微观的概念。高职教育专业群建设主体要达到培养高素质技术技能人才的育人目的，必须将自身的微观目的与产业链发展的宏观形态进行合理对接，以适应、满足和引领产业链发展的现实需要，只有这样才能保证专业组群工作的有效性。以汽车产业的专业群组建为例，应根据汽车产业发展智能化、信息化、自动化等趋势，合理配置相关专业资源，在此基础上，聚焦生产控制——生产运行——质量管理——设备维护等产业链条，再将各专业联结成群，以此培养与汽车产业链发展需求相匹配的复合型技术技能人才。

第二，依据具体岗位需要组群。依据具体岗位需要组建专业群，就是高职院校围绕某一行业中具体岗位的要求进行专业群功能选择，根据岗位分工不同确定组群专业在此基础上构建的专业群能够覆盖该行业绝大部分岗位。例如，辽宁某所职业技术学院结合沈阳北方重工集团"重工"这一关键词，确定焊接、材料成型、锻造、木型、热处理等具体岗位，分别对应设置了培养专业，再将各专业集合成群。这种组群方式精准对接了具体岗位的工作任务，符合工艺流程各环节的要求，既保障了建群的针对性，提高了建群效率，又形成了专业群目标设置与目标实现之间的内在关系，通过企业对专业群的依赖，使专业群自身未来的发展得以行稳致远。再如，南京信息职业技术学院以电子商务专业为核心，集合商贸信息管理、品牌管理、商务智能、会计四专业形成了特色高水平专业群，满足了电子商务企业的基本需要，覆盖了大部分岗位，也是依据具体岗位需要建群的生动实践。

第三，依据既有资源组群。虽然依据产业链要求和具体岗位需要建群具有很强的现实针对性和指向性，但这两种方式都是"由外到内"构建的，均需要高职院校所在地区有产业支撑，且高职院校自身条件与产业之间具有一定的对位关系。从具体实施来看，任何一所高职院校的专业群建设都需要经过复杂艰难的摸索和积累过程，很难保证一定具有一步到位的先天产业优势。因此，对于先天区位优势或产业优势不明显的高职院校来说，"由内向外"的建群方式似乎更有实际意义，依据既有资源组群不失为一个好的选择。比如，可以结合自身目前专业设置，依据学科逻辑组群，以中文、新闻、数字科学等学科为依托组建新闻传播大类、数字媒体专业大类或品牌传播专业大类，以数学、结构学、管理学等学科为依托组建建筑施工大类、工程管理大类等，都是对既有专业资源的有效集成，有利于更好地对接社会实际需要。这种模式在当前的高职教育中，已经颇为普遍，未来依旧可以进行深入探索和实施。

第四，依据优势专业组群。"由内向外"组群的另一种方式是依据优势专业组群。任何一所高职院校的设立，或出于拉动区域经济发展的需要，或出于完善地区教育体系的考量，总有一定的办学优势，在一定领域进行了的教学摸索。因此，高职院校特色高水平专业群建设不妨从这类优势专业入手，致力于巩固和扩大既有优势，再通过对接产业化需要，逐渐扩大影响力，形成区域辐射效果。一方面，锁定优势专业，确定其龙头地位。龙头专业的选取不是随意的，要综合考虑该专业的发展历史、行业背景、师资情况、办学条件、就业质量等；另一方面，在龙头专业确定后，要努力围绕龙头专业将其他专业集聚起来，形成"龙头引领、多专业辐射"的建构模式。当然，在集中资源进行专业群构建的过程中，可能导致资源分配的不平衡，这就需要在全校范围内形成专业群构建"一荣俱荣、一损俱损"的共识，使各方参与主体和具体实施者抛弃山头主义和个人成见，求大同而存小异地真正支持并参与到专业群构建中来，减少建设阻力，夯实特色高水平专业群的建设基础。

（三）行动逻辑：执行者的实践考量

第一，聚焦外部环境变化灵活建群。随着教育主管部门、高职院校对特色高水平专业群建设探索程度的不断加深，所关注的重点和主要矛盾也会随之产生变化。因此，从执行者的实践操作层面考量，在特色高水平专业群建设中，要聚焦外部环境变化，遵循灵活建群的原则。首先，要做好对各类国家方针政策的研究，锁定职业教育政策指导方案的重点，预估未来形势，提前制订本校特色高水平专业群建设的实施方案，抢占发展先机。其次，要加强与当地行业企业的沟通联系，了解产业市场的用人需要，根据需求侧具体的发展变化，从专业群的供给端进行改革，优化人才培养工作，实现人才输出与人才需求之间的精准对位，进一步提升高职学生的就业率与成才率。最后，树立国际视野，对接国际化发展需要，以战略眼光加强对发达国家职业教育专业群建设经验的研究，结合我国高职院校自身的办学实际，取精华、去糟粕，提高专业群建设的国际化水平。

第二，聚焦建设需要，突破物理界限。高职特色高水平专业群建设的物理界限存在于产业本位、校园本位以及产业与校园交互关系当中。产业本位的物理界限指高职专业群建设中行业之间、岗位之间、具体技术技能要求之间的区别，具体体现为企业之间、部门之间的竞争关系和利益关系。校园本位的物理界限是指高职专业群建设中学校内部各院系、各学科、教师、实习实训资源之间的现实区别，具体体现在院系、学科、教师之间的竞争关系和利益关系方面。产业与校园交互关系中的物理界限主要体现为校企合作方面的矛盾，具体表现为产业资源投入意愿不足、学校主动性发挥不积极等方面。以上三种类别的物理界限所带来的竞争关系、利益冲突、合作矛盾等问题，也是高职专业群建设的阻力所在。对此，从行动逻辑上考虑，高职特色高水平专业群建设的具体执行者必须充分运用激励约束手段，打破这些物理界限，变对立竞争关系为良性竞争关系，变利益冲突为利益捆绑关系，变低合作意愿为合作共赢关系，只有推动各主体本位转变为"专业群"本位，才能更好地调动和整合各方资源，服务特色高水平专业群建设大局。

第三，聚焦主体关系，连接不平衡构建。突破物理界限对于专业群建设至关重要，但破除既有利益结构并非一日之功。高职特色高水平专业群建设，应在平衡各方利益关系的前提下，找到突破口，通过"起步顶层架设—过程实施优化—结果导向"的方式展开。基于这一行动逻辑建设专业群，关键在于平衡各方关系，能够接受"不完美""不平衡"。例如，对于高职院校来说，如果当前某些企业合作意愿低，校内某一专业不支持加入专业群建设，那么可以考虑暂不列入这些反对方，而是集中资源放大支持者的建构方案，待专业群建设形成一定规模有所产出时，反对方有可能顺势而入。如此一来，虽然专业群在组建时并不完美，但过程推进顺利，建设效果良好，依旧能够达到建设的目的，反而通过"不平衡"达到了某种程度上的"平衡"，逻辑上可行。

三、高职院校特色高水平专业群建设中存在的问题

高职院校特色高水平专业群建设的重要价值已经得到各方的广泛认可，但在实践层面上，依然存在许多程序和操作上的问题。我们从体系建设维度中的标准建设，程序建设维度中的目标设定、方案确定，以及结果维度的发展效果，对高

职院校专业群建设与管理中存在的问题进行梳理,希望能够助力高职特色高水平专业群建设与管理的全链条提升。

(一)建设标准缺失,成果评价机制粗放

从政策要求角度看,国家相关政策文件对高职专业群建设提出了引领性要求,即到 2022 年建设 150 个骨干专业(群),但政策中对"骨干"一词缺乏明确定位。从实践角度看,大多数高职院校已经形成了专业群建设的共识,并纷纷付诸实践,但存在一定的盲目性,具体建设到什么程度、评价标准是什么,没有统一定论,绝大多数高职院校依然处于"摸着石头过河"的初步探索阶段。目前我国各省市在高职专业群建设标准和评价机制建设上还较为滞后和欠缺,仅江苏省教育厅 2015 年公布过《江苏省职业学校现代化专业群建设标准》(五年制高职),设计了专业群构建、培养模式改革等六个大的指标,分解为十七个二级建设指标,为地方的探索实践树立了标杆,但是由于其他区域的建设步伐落后,仅江苏地区的单点开花对于我国整个高职特色高水平专业群建设生态体系的总体布局参考价值和推动作用有限。

(二)目标引领笼统,任务分解不清晰

尽管《双高计划》对高职特色高水平专业群建设的总体原则、目标、任务进行了说明,教育部、财政部在专业群建设项目的遴选办法中,也明确了专业群须具备定位准确、拥有高水平带头人和教学创新团队、生源质量好且有一定规模三个条件,但对于专业群建设目标与任务的分解,仅局限于政策上的思辨论证,并没有真正落到实处。许多地方高职院校对于具体目标的设定较为笼统,任务分解也往往缺乏可行性。例如广东某地方职业技术学院于 2019 年 12 月印发了《艺术设计专业群建设方案(2020—2024 年)》,其建设总体目标包括"将创新创业教育和职业道德培育贯串人才培养全过程""把专业群建设成为与省域副中心城市和沿海经济带发展极相匹配,在粤东同类院校中有优势地位和明显特色的艺术设计专业群"的表述,但对于"极相匹配""明显特色"的具体表现却未予以明确规定,目标引领含糊不清。从该校专业群建设的任务分解情况看,尽管明确了形成"工学结合"培养模式、加强课程体系和教学内容改革、打造专兼结合的"双师型"教师团队等五项具体任务,并且形成了部分数据方面的指标要求,但没有落实到具体的时间节点和责任部门、责任人,不利于实施主体履职担责,容易导致方案设置流于形式,形成只"出题"却难以"答题"的局面。

(三)建设方案杂糅,缺乏问题导向

结合前文对高职专业群组群逻辑的探讨,专业群组群基本分为"由外向内"

和"由内向外"两个大的维度。前者体现为"以群建院",即根据外部需要先设定组群专业,再形成校内教学单位;后者体现为"以院建群",即统筹考虑当前高职院校内部资源组成,再对接外部需要完成建群。两种建构方案各有其可行性,但也分别存在现实困境。"以群建院"要求依据外部市场环境优化整合内部资源,在专业群建设中容易出现人才培养方面的偏差,这是因为专业群建设和人才培养具有一定的周期性,且滞后于未来产业发展需要,因此,密切教育端与产业之间的关系,即协调好校企合作关系成为以群建院的关键。然而,校企之间具有天然的组织属性差异,企业以追求经济利益为目的,高职院校以人才培养为本位,从当前校企合作的实践来看,校企合作冷热不均的"壁炉"现象普遍存在,成为高职院校"以群建院"的重要屏障。再反观"以院建群",在对现有专业进行组合时,需要考虑两个问题,一是需要考虑专业数量,数量较少,则不利于资源集聚,数量过多,则导致核心优势不突出;二是需要考虑专业之间的主次关系,专业群中必然包括核心专业和辅助专业,核心与辅助之间存在天然的矛盾关系,因此从功利性的角度考虑,机械化的集聚容易导致核心专业与辅助专业之间的不当竞争,不利于体制机制的平稳过渡。在目前专业群的实际建设过程中,大部分高职院校未能从根本上确立专业群的建设主线或方向,在"以群建院"和"以院建群"中摇摆不定,出现了在建设方案的设计上将两者进行杂糅的现象,并且无论采取何种建群方案,都鲜少见到对上述问题的体系化探讨,对专业群建设中面临的困难缺乏有效预判以及相应的解决方案,专业群的建设探索依然任重道远。

(四)发展离散度大,缺乏可复制经验样板

根据全国职业院校专业设置管理与公共信息服务平台的专业统计数据,与2019 年相比,2020 年全国高等职业教育设置备案数量增加了 2693 个;同时,2020 年会计、电子商务、市场营销、物流管理、计算机应用技术、旅游管理等专业点超过 800 个,意味着全国近六成高职院校设置了这些专业。在此背景下,高职院校在专业点不断增多的情况下,基于政策层面对于专业群建设的要求,加之自身需要进一步提高教学质量,势必要进行专业的"群化"建设。但由于我国"双高计划"每五年为一个支持周期,2019 年开始才启动第一轮建设,发展年限较短,首批样板尚未建成,引领作用尚未彰显;同时由于资源支持较为集中,势必导致各高职院校发展差距悬殊的问题。2019 年 12 月公布了第一轮"双高计划"建设单位名单,在 26 家高水平专业群建设单位(A 档)中,中东部地区有22 家,西部地区仅 4 家;公布的 59 家高水平专业群建设单位(B 档)中,中东

部地区有 47 家，西部地区仅 12 家；公布的高水平专业群建设单位（C 档）也呈现出中东部多、西部少的情况，且大部分资源扶持均集中在江苏、浙江、北京等区域。由此，发展离散度大的苗头在专业群建设初期即已显现。未来一轮支持周期结束后，即使能够形成"高水平"的建设目标，其辐射作用和榜样带动作用也主要局限在中东部地区，对于拉动全国整体专业群建设的影响力依然有限。对于多数高职院校来说，在面临缺少资源扶植和榜样引领的双重问题下，只能采取"新瓶装旧酒"的方法，在"形式化"的摸索中曲折前进。

四、高职院校特色高水平专业群建设的现实路径

对照高职院校专业群建设与管理中存在的各项问题，应首先明确专业群建设的基本原则，梳理专业群建设的关键指标体系和评价标准，破解建设标准缺失、目标引领笼统、建设方案杂糅的问题，从动态化管理的角度出发，破解发展离散度大、榜样引领缺乏的问题。

（一）明确原则，夯实高职专业群建设的核心主线

比较高职专业群建设的理论逻辑、组群逻辑、行动逻辑，理论逻辑处于客观层面，是具体建设实践的根本遵循和底线要求，从组群逻辑和行动逻辑入手，在特色高水平专业群建设中应明确以下基本原则。

首先，坚持产教融合。高职特色高水平专业群建设，应以区域核心支柱产业为导向，提高服务区域经济发展的能力。要创新产业融合发展模式，冲破校企合作"天花板"，鼓励和支持企业参与专业群建设的全过程，从专业群建设的顶层设计到课程安排、教材编写、师资培训、实习实训、学生管理等，每一个环节校企双方都共同参与、有序推进，通过开展深度产教融合，形成"集群"优势和"抱团"发展，实现专业群与区域产业群的有机衔接，为行业企业输送"零距离"人才，达到"多赢"局面。其次，着力扶优扶强。高职院校在专业群建设上，要考虑内部专业、师资力量、学生规模布局，同时兼顾当地产业发展布局，在"发展质量为先"的导向下，使基础条件较好、影响力突出的专业优先发展，其他内部资源以此为核心充分集聚，组合成群。同时，要建立发展成果共享和监督机制，规避校内各方矛盾，促进良性竞争，形成内部发展合力。再次，抓好持续推进。高职专业群建设不是一朝一夕的，要加强对高职专业群建设的持续推进，做好过程调整和控制。坚持"有进有出"，强化"优胜劣汰"，在过程中厘清高职专业群建设问题，做好建设方案调整，实现高质量发展。最后，强化区域统筹。地方教育主管部门要重点做好高职专业群建设的顶层设计，重点考虑资金、资源保

障,激发地方相关部门、行业企业、高职院校加强专业群建设的积极性,使整体建设战略和建设方案更接地气,便于实际管控和具体执行,确保既"出好题",又在统筹管理中保障"答好题"。

(二)构建关键指标体系,为高职专业群的量化评价提供支撑

为破解建设标准缺失、目标引领笼统的问题,亟须明确高职专业群建设的核心要素,在此基础上,确定高职专业群建设的关键指标,以指导高职院校结合自身特色确定专业群建设的"行动路线图"。

1. 确定高职专业群建设的核心要素

高职专业群建设的价值内核集中体现在国家现代职业教育体系建设、行业企业、高职院校、学生等方面。因此,确立高职专业群建设的核心要素,也需要将多元参与主体共同纳入考量范围。以此为依托,结合高职专业群建设的主要问题,应从宏观、中观、微观三个维度,构建并细化高职专业群建设的核心要素集群,具体如表2-1所示。

表2-1 高职专业群建设的核心要素集群

	构建主体	核心要素
宏观	各级教育主管部门	核心要素1:确定教育制度框架
		核心要素2:确定区域评估标准
中观	地方企业	核心要素3:确定专业群建设需求
		核心要素4:校企合作平台构建(企方)
	高职院校	核心要素5:确定建设目标
		核心要素6:明确结构组成
		核心要素7:确定工作机制
		核心要素8:校企合作平台构建(校方)
微观	高职院校	核心要素9:课程体系建设
		核心要素10:教学团队建设
		核心要素11:实训基地建设
	高职学生	核心要素12:课程满意度
		核心要素13:就业满意度
		核心要素14:自我满意度

依据表2-1,高职专业群建设的核心要素共分为三个维度、四个主体以及十四个核心要素,其中高职院校主体横跨中观、微观两个维度,建设任务最为重要;中观层面的"校企合作平台构建"要素同时需要地方企业、高职院校双方共同参与,工作重点有所区别,因此按两个指标分别统计;微观层面高职学生的

"三个满意度"很少被教育界和学界所关注，但其作为高职专业群建设的"服务对象"和"客户"，是专业群建设成果最直接的体现，在关键指标体系搭建中，应当给予足够重视。

2. 关键评价指标体系构建及权重分配

依据高职专业群建设的核心要素，在确定对应的评价标准时，我们设定三级指标，抽丝剥茧地不断将具体标准条目精确到点，以保证"评价点"的具象化。具体来说，就是以某地区高职专业群构建为研究的基本单元，经过对高职专业群建设的 14 个核心要素进行再分析和归类，将核心要素 1—3 命名为"外部环境分析"，将核心要素 5—7、9—10 命名为"结构化方案建设"，将核心要素 4、8、11 命名为"实训平台建设"，将核心要素 12—14 命名为"建设成果反馈"，以此确定四个一级指标。在明确一级指标、二级指标的前提下，再对二级指标的具体维度进行有效分解，形成 42 个三级指标。指标评价权重按一级指标分配。由于"结构化方案建设"相当于专业群建设的具体行动指南，因此在权重比例上予以偏重，占比 40%，其余三个一级指标权重平均分配，各占 20%。具体指标体系如表 2-2 所示。

表 2-2 高职专业群建设评价指标体系

一级	二级	三级
外部环境分析	确定教育制度框架	1. 框架体系健全
		2. 要求明确且便于分解落实
	确定区域评估标准	3. 评估标准体系健全
		4. 结合实际，符合区域发展战略需要
	确定专业群建设需求	5. 定期梳理人才需要
		6. 对所需人才专业进行群化处理
		7. 与高校之间有信息沟通共享机制
结构化方案建设	确定建设目标	8. 对接当地产业链
		9. 对接区域经济发展
		10. 对接国际及区域战略
	明确结构组成	11. 由 3—5 个具体专业组成
		12. 区分核心专业与辅助专业
		13. 核心/非核心能否共享共建

一级	二级	三级
结构化方案建设	确定工作机制	14. 管理制度
		15. 组织机构
		16. 定期评估考核机制
		17. 清退机制
	课程体系建设	18. 专业课程设置
		19. 各专业内容占比
		20. 交叉学科特色教材编制情况
	教学团队建设	21. "双师"数量
		22. 专业群专任教师数量
		23. 高级职称教师数量
		24. 核心专业带头人业绩
		25. 辅助专业带头人业绩
实训平台建设	校企合作平台构建（企方）	26. 校企合作顶层设计情况
		27. 校企合作普遍意愿
		28. 校企合作投入情况
	校企合作平台构建（校方）	29. 校企合作方案运转情况
		30. 校企合作持续投入力度
		31. 校企合作人才输出情况
实训平台建设	实训基地建设	32. 校内外实训基地数量
		33. 校内外实训基地规模
		34. 校内外操作设备人均水平
建设成果反馈	课程满意度	35. 课程评估平均分值
		36. 教师评估平均分值
	就业满意度	37. 薪资待遇
		38. 环境适应性
		39. 发展空间
	自我满意度	40. 工作技能评价
		41. 价值实现评价
		42. 自我完善和改进方面的评价

（三）实施动态化管理，提升高职专业群的建设成效

为提高专业群建设的精准度，需要加强过程控制，借助动态化管理手段，保证建设成效。

首先，要变远景目标为阶段性短期目标。高职专业群建设是周期行为，要使它最终服务经济现代化建设、促进高质量就业的人才培养，需要一步一个脚印地扎实执行和推进。各参建主体在科学设置远景目标的同时，还应集中精力对远景目标进行阶段性分解，设定短期目标。一是要将远景目标划分为小的工作周期，比如将原来规划的"5年"变为"每一年"。二是要科学编制每一年的工作目标，做到目标条目化，并为每一条目标的实现配备具体措施，同时，确定具体措施的完成时间。三是配套建立短期目标评估机制，按预设周期开展评估，对于没有完成的目标，在下一周期的开头必须补足，以此确保远景目标实现的整体进度。

其次，塑造合作共赢的校企合作模式。要在"盈利理念"与"人才理念"之间找到平衡点，在共同愿景引领下，使校企双方成为"命运共同体"，共同致力于专业群构建。一方面，要明确特色高水平专业群建设以高职院校为第一责任主体，充分发挥学校各级领导和师生的主观能动性，加强与产业的对接，寻找合作办学机会；另一方面，政府要鼓励和支持企业从履行社会责任的角度，积极参与高职院校办学，为高职专业群建设提供思路或建设性意见。总之，高职院校和当地企业要共同以服务当地经济可持续发展为己任，求同存异地进行专业群合作共建，并将建设成果由双方共享，达到互利共赢的目的。

最后，强化对标对表的自我完善手段。尽管当前高职特色高水平专业群建设依然处于起步阶段，但在各方主体的不断探索下，建设实践已经初具成效。高职专业群建设具有一定的对标对表空间，应通过标杆比较，不断实现自我完善和超越。一是要加强高职院校内部对标，在内部各专业群之间形成比学赶超的局面，缩减内部建设离散度。二是要在同一区域的高职院校之间开展对外竞争性对标。由于区位相同，此类学校一般服从同一上级单位管理，在生源、财政扶持方面存在竞争关系，加强相互之间的交流有利于清晰自身整体建设进度，在竞争机制的作用下，反向刺激内部专业群管理提升。三是要加强功能性对标，即区域定位大体一致但分处不同区域高职院校之间的对标。这类学校往往有着相似的发展历史和基础条件，且不存在竞争关系，彼此之间更有交流分享的意愿，是自我提升的有效路径之一，应当予以重视。

总之，高职特色高水平专业群建设作为"双高计划"的"两翼"之一，符合社会发展的历史潮流，也符合职业教育发展规律，对我国现代职业教育体系建设具有举足轻重的作用。尽管高职特色高水平专业群建设过程曲折，但发展前景光明，通过各方参与者的不断努力，一定能够确保专业群建设行稳致远。

第三章　实践育人模式研究

第一节 高职学生顶岗实习管理与质量监控

实习是职业教育的基本环节，加强实习管理，是保证实习教学效果，提高人才培养质量的重要保障。《国家中长期教育改革和发展规划纲要（2010—2020年）》强调，职业教育要"推进教育教学改革。实行工学结合、校企合作、顶岗实习的人才培养模式"。职业教育学生顶岗实习是教学计划的重要组成部分，是专业技能课程教学的重要内容，更是职业教育核心的教学环节。

2016 年 4 月，教育部等五部门联合研发了《职业学校学生实习管理规定的通知》（教职成〔2016〕3 号）。《职业学校学生实习管理规定》在 2007 年教育部、财政部联合印发的《中等职业学校学生实习管理办法》基础上，针对职业学校学生实习中的突出重点难点问题，完善顶层设计，从制度上进一步规范和加强职业学校学生实习管理。

2016 年 7 月，教育部办公厅印发《关于公布首批〈职业学校专业（类）顶岗实习标准〉目录的通知》（教职成厅函〔2016〕，主要以规范和改进实习教学组织及实施、管理为目的，进一步明确了相关专业（类）实习目标与任务、内容与要求、考核与评价等基本要求，是推进产教融合、校企协同育人，完善教育质量国家标准体系的重要措施，对于指导职业学校加强专业基本建设，科学合理地安排学生在真实生产环境下强化知识运用和技术技能训练，创新人才培养模式，提高人才培养的针对性和有用性具有十分重要的意义。

一、当前顶岗实习管理工作的现状分析

作为"校企合作""工学结合"主要形式之一的高职学生顶岗实习占用学时多，在人才培养方案中占据举足轻重的地位。顶岗实习的教学质量直接关系到高职院校育人能否与用人单位的人才需求"零"距离对接，关系到高职教育的可持

续发展。但是，顶岗实习时间交错、空间分散，参与人数较多特殊性和复杂性，造成顶岗实习管理困难重重，当前顶岗实习管理工作还存在诸多不足。我们调查走访学生、老师和企业相关负责人，结合当前的管理工作实际情况，认为当前顶岗实习存在的问题主要突出表现在以下几个方面。

1. 顶岗实习前期准备工作不充分

目前，各系部顶岗实习岗前培训工作指示简单，没有充分解读说明学校顶岗实习管理指导手册、顶岗实习教学管理制度、考核管理办法以及对应的工作岗位情况等，前期准备工作在执行过程中很大程度上流于形式，学生在认识上还存在不足。此外，顶岗实习作为学生毕业前的重要实践教学环节，对学生今后的求职工作、职业规划有着重要的引领作用，所以，顶岗实习的前期准备工作不单是学生实习离校前的各项培训说明，更应该渗透到日常的教学和职业规划课程体系中。

2. 顶岗实习过程管理不到位

统计调查分析，学生顶岗实习以学校推荐、学生自主联系为主，校内指导教师多数在校远程管理。学生离校实习后，学生和教师仅仅通过 QQ 或电话偶尔联系，教师无法实时监控和掌握学生实习动态情况。另外，由于学生顶岗实习单位比较分散，学校教师很难走访每一位学生的实习单位，对学生顶岗实习的实际情况了解不深入。很多教师依旧按照收发材料式的管理方式进行实习指导，实习期间的过程监管和汇报几乎没有。

3. 教师实习指导工作执行不到位

学生顶岗实习一般有两位指导教师，一是企业教师，二是校内专任教师。校内教师由于还要承担校内教学任务，多数为远程管理，对学生的实习指导有限；企业指导教师基本就是虚设，大多只是挂名而已，没有太多的实际作用。两位指导教师对学生顶岗实习指导不到位，甚至缺乏指导。

4. 顶岗实习质量监控评价工作体系不完善

目前顶岗实习考核评价主要对象为学生，针对指导教师和实习单位的质量监控评价体系缺失，导致指导教师和实习单位多数比较懈怠，工作不到位。在学生的考核评价上，以往主要是学生实习结束后通过实习纸质报告的形式进行最终打分，考核缺乏过程监控评价，不客观科学，而且存在着一定的虚假考核，难以反映学生实习的真实情况。

二、顶岗实习管理工作的创新实践

随着近年来的快速发展和外部环境的变化，原有的顶岗实习管理机制已不适应新形势、新规定下的发展要求，亟须结合《职业学校学生实习管理规定》的各项要求改革顶岗实习管理制度，创新顶岗实习管理模式，健全顶岗实习标准。我们基于顶岗实习管理的现状、过去的经验总结以及未来发展的趋势，通过对高职院校实习管理案例的横向比较和研究，从以下几大方面对顶岗实习管理工作进行创新和完善。

（一）健全顶岗实习管理制度

根据《职业学校学生实习管理规定》的最新要求，结合顶岗实习管理的现状和过去的经验总结，我们就顶岗实习管理制度进行了全面的梳理，修订了顶岗实习管理制度。新的顶岗实习管理制度从顶岗实习的全过程进行统筹把控，从以下几点进行了健全。

1. 进一步强化实习过程管理监控

从实习过程的各个环节，包括实习组织、实习管理、实习考核、安全职责等进一步细化，改革创新过程管理的方式，有效衔接实习工作的各环节，通过制度流程的建立将顶岗实习各岗位人员统一安排，确保各环节有人员、有制度、有方法、有要求，实现全过程管理。

2. 明确顶岗实习参与各方的职责要求

学校、学生、实习单位是顶岗实习的三大主体，学生参加顶岗实习前，学校、实习单位、学生三方将签订实习协议，严格落实"无协议不实习"的要求，明确各方的责任、权利和义务。此外，针对学生和校内指导教师，在顶岗实习准备期间，进一步强化培训管理，通过培训说明，让学生和指导教师更明确各自的责任义务，尤其是指导教师须更加尽职尽责，严格落实顶岗实习管理制度要求，做好学生实习指导和管理工作。

3. 明确顶岗实习指导教师制度

学校和实习单位应当分别选派经验丰富、业务素质好、责任心强、安全防范意识高的实习指导教师和专门人员全程指导、共同管理学生实习。实习指导教师和实习单位指定的专人负责学生实习期间的业务指导和日常巡视工作，定期进行检查巡访，指导教师定期提交实习指导记录和工作总结，实习单位定期通报和反馈学生实习情况。指导教师和实习单位指导教师须每日保持沟通，及时处理实习中出现的有关问题，并做好记录。

（二）优化顶岗实习管理流程

建立高效、科学、可行的顶岗实习管理机制是实现对顶岗实习教学质量进行监控的前提，建立学校主导、企业深度参与的顶岗实习的管理机制也是做好高职学生顶岗实习工作的重要保证。为确保顶岗实习的管理落到实处，实现对顶岗实习教学质量的科学评价和有效监控，应成立学校级的顶岗实习领导小组、院系级的顶岗实习管理小组和指导教师级的顶岗实习指导小组三级管理机构。在三级管理机构中，各级小组各司其职，上级组织负责对下级组织进行指导、管理、监督和评价，下级组织应将顶岗实习中各种有用信息反馈给上级机构，便于进一步优化和规范顶岗实习管理工作，从而构建分级管理、分层负责、层层落实的学生顶岗实习管理机制。

同时，结合顶岗实习全过程的实习前、实习中、实习后三大阶段，优化顶岗实习管理流程体系。以顶岗实习三大阶段的任务为驱动，围绕顶岗实习过程管理的各项工作要求，我们制订了学校顶岗实习全过程管理流程。如图3-1：

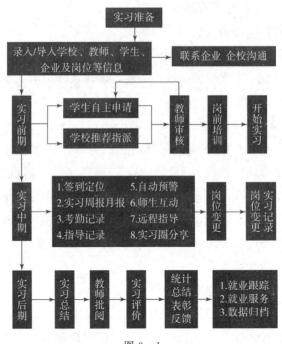

图 3 - 1

（三）信息化创新管理模式

受制于顶岗实习学生分散、参与角色多、过程监控管理难落实等问题，应积极探讨和研究新的管理模式，而移动互联网、云计算和大数据技术的发展为顶岗实习的全过程动态教学管理提供了科学高效的解决方案。2015年我们正式采用由万博云信（北京）教育科技有限公司研发的"乐习在线"顶岗实习移动管理平台，借助信息化手段创新实习管理模式，帮助学校及时掌握学生实习动态、教师管理情况、实习单位用人反馈等动态信息，搭建起学校、企业、教师、家长与学生的协同管理和即时沟通平台，实现顶岗实习多方协同全过程监管，近一年的实践取得了显著的效果。

图 3-2

学校在"乐习在线"顶岗实习管理平台上，通过私信、通知、签到、日志报告、调查问卷、申请汇报、数据统计分析等多个功能服务，加强了实习学生的交流和教学管理，解决了实习生管理不便、过程缺失、效率低下等问题；同时，多维度的数据汇报功能，便于学校及相关部门第一时间掌握学生实习、就业整体运行情况，大大提高了学校实习管理的效率。

图 3-3

借助顶岗实习信息化平台，学校实习期的各类通知公告能够100％发送至学生、教师，学生每天主动登录签到率也达到了80％以上；每周周报、每月月报等实习任务作业完成率也达到了90％，作业完成的质量和效率相比以前"纸质汇报"的方式明显提升；实习指导教师不再需要通过电话、邮件、QQ群等低效率方式去联系管理学生，只需打开顶岗实习App，通过实习群组、私信等方式即时联系到学生，并进行作业批阅、任务布置、考评打分等工作，这样不仅提升了教师实习管理的效率，更为教师减轻了负担。学校整体实习管理实现了流程化、智能化、数据化和互联网化，借助信息化平台和移动互联网技术，让学校的实习管理模式实现了"质"的飞跃。

（四）制订各专业顶岗实习标准

结合教育部最新《职业学校专业（类）顶岗实习标准》，我们细化制订各专业顶岗实习标准，进一步强化了顶岗实习规范化管理，以院系专业为单位，确定实习目标、任务下达、计划安排、组织实施、过程监控及多元成绩评定的制度、流程、规范。如应用外语专业顶岗实习标准对企业和学校管理责任均做了详细的要求。

同时，顶岗实习对接职业标准和企业岗位规范。专业顶岗实习标准充分对接相关职业标准或企业岗位规范，结合生产过程和典型工作任务，合理确定实习条件、实习内容等。专业与岗位的匹配可以突出实习的职业性和针对性。专业顶岗实习标准规定了相对应专业的顶岗实习岗位范围，强调学生顶岗实习要进入企业真实生产环境，开展实际生产操作。如机电类专业顶岗实习标准规定，要面向机电产品制造、应用和服务等企业，主要对应的岗位为机电设备操作岗、机械装调岗、机电设备维护维修岗、机电产品质量检测岗等。

最后，我们通过专业标准的制订，积极推动构建和完善校企协同育人模式。专业顶岗实习标准均对学校和企业在学生实习中的责任和义务提出了明确要求，强调要充分发挥企业的重要办学主体作用，积极推动产教融合、校企协同育人。如机电一体化专业顶岗实习标准规定为每名实习学生指定学校指导教师和企业指导教师各一名。企业指导教师由实习岗位对应的企业技术、技能和管理人员担任，负责实习学生在企业期间的岗位技术、技能指导和管理工作，并考核其工作情况。

三、总结

顶岗实习是高职院校人才培养的关键环节，顶岗实习教学质量直接关系到高职培养的人才能否与用人单位技术技能人才要求"零"距离对接，关系到高职教育的可持续发展，所以建立高职院校的学生顶岗实习教学管理与质量监控体系势在必行。只有针对当前顶岗实习教学中存在的问题，结合顶岗实习的特点，建立科学、可行的质量监控体系，通过信息化手段创新顶岗实习管理模式，加强对顶岗实习的管理和质量监控，顶岗实习的教学目标才能实现，高职人才培养的质量才能得到更好保证。

第二节　基于现代学徒制的校企双元
育人机制构建与实施路径

基于现代学徒制构建校企双元育人机制是我国职业教育改革的新要求。校企双方通过共建命运共同体、建设高水平专业和课程标准、打造混编结构化师资团队、共建共享教学资源、推动教学改革与创新等措施，构建校企双元育人机制。基于现代学徒制，推进校企双元育人的实施路径包括：注重顶层设计，为构建校企命运共同体提供根本保障；明确立德树人目标，解决利益分配不平衡的问题；多措并举打造"双师型"教师队伍，完善职教师资培养体系；打造一批高水平实训基地，提升区域产教融合的力度。

现代学徒制是我国深化产教融合、推进职业教育校企合作的重要手段，也是构建双元育人这一模式的重要途径。目前，我国的现代学徒制已经进入全面推广的阶段，如何利用现代学徒制快速发展的契机，深化产教融合、校企合作，建立校企双元合作育人机制，成为亟待解决的问题。

一、基于现代学徒制构建校企双元育人机制是我国职业教育改革的新要求

（一）职业教育改革的发展需求

职业教育与普通教育都是我国教育体系的重要组成部分，处于同等重要的地位。在发展职业教育时，不能照搬普通教育的发展模式，职业教育不是普通本科教育的"压缩饼干"。职业教育作为类型教育要不断发展，建立现代学徒制则有助于职业教育的类型教育改革与发展。一方面，职业教育要积极建设产教融合的长效机制，采用"工学结合"的模式；另一方面，要大力推动骨干院校的建设，构建基于现代学徒制的校企双元育人机制。职业教育的类型教育改革，实现了从"照搬普通教育发展模式办学"到"依照职业标准和相关制度办学"的根本性转变。进入新时代，职业教育的发展受到社会各界的广泛关注，我国也首次明确了

职业教育作为类型教育发展的重要性。现代学徒制能够承担传授学生知识和技能的重要任务，在职业教育漫长的发展进程中，呈现出显著的优势。现代学徒制不仅能够在学校教育中发挥优势，还可以鼓励企业参与人才培养的全过程，突出"岗位培养"的理念，引导学生"在岗成才"，为学生提供真实的岗位情境，发挥企业作为育人主体的重要作用。同时，现代学徒制还有助于职业教育重构人才培养的模式，构建校企双元育人的体制机制，有效提升职业教育人才培养的质量。

（二）职教改革"三个转变"内涵化发展的内在要求

《国家职业教育改革实施方案》指出，利用 5 至 10 年的时间，职业教育需要进行"三个转变"：第一，从政府对职业教育负全责，转变为政府负责职业教育的顶层设计、社会各界实现多元化办学的局面；第二，从大力追求人才培养规模的扩张和增长，转变为提升人才培养的质量和效率；第三，从参照普通教育的模式办学，转变为鼓励多元主体广泛参与的类型教育。实施现代学徒制是我国职教改革"三个转变"内涵化发展的内在要求。首先，实施现代学徒制有利于促进办学主体的多元化。现代学徒制有助于建立政府主导、行业企业广泛参与、社会各界积极支持，企业和学校作为双重育人主体的办学模式。其次，实施现代学徒制有助于提升职业教育人才培养的质量。在现代学徒制的背景下，学校和企业要在真实的工作岗位上培养人才，更重视提升人才培养的针对性。最后，实施现代学徒制能够充分发挥企业的育人作用，企业需要深度参与人才培养的全过程。学校和企业共同进行人才培育，以岗位人才培养模式改革为核心，可以有效推动双元协同育人机制的建立。

（三）职业教育是供给侧与人才需求侧相对接的必然要求

目前，我国经济发展已经从高速增长的阶段变为高质量发展的阶段，该阶段需要源源不断的综合型高素质人力资源的支持。现代学徒制能够为我国经济发展提供较为优质的人力资源，实现职业教育供给侧与人才需求侧的有效对接。一方面，我国经济发展的重心发生了转移，人才需求也发生了巨大变化。现代经济发展更需要具有丰富知识、熟练技能以及创新能力的人才作为支撑，现代学徒制能够实现"工学结合"，推动学校和企业深度合作。另一方面，依托现代学徒制，开展职业技能人才培养，从源头保障了职业教育供给侧与人才需求侧的对接，从人才培养目标、标准、过程、评价等方面，注重发挥企业的作用，突出企业的技术技能优势。

二、基于现代学徒制构建校企双元育人机制

（一）共建命运共同体，完善校企双元育人机制

职业教育与经济社会发展紧密联系，需要以命运共同体理论为指导大力发展职业教育。现代学徒制作为我国人才培养的重要制度，也需要建立校企命运共同体，完善校企双元育人机制，共同培育技术技能型人才。第一，学校和企业要共同协商建立合作共赢的人才培养目标。培育高质量的技术技能型人才不仅有助于提升高职院校的声誉，还有助于增强企业的后备人才储备。共建校企命运共同体，需要发挥企业在技术技能型人才培养中的主体作用。一方面，政府要根据市场的用人需求，基于现代学徒制的合作基础，建立校企合作共赢的相关制度体系；另一方面，学校和企业需要在政府的引导下，将学校的专业设置和企业的发展规划相对接，使校企双方在命运共同体中彰显各自的利益诉求，并在实践过程中实现各自的发展目标。第二，建立校企合作与交流的机制。合作交流是校企双方进行沟通的最基本方式，职业院校和行业企业之间要组建现代学徒制相关的工作小组，负责现代学徒制的运营，形成"共同建设、共同运营、共同发展"的合作交流机制。

（二）共建高水平专业和开发课程标准，合作设立研发中心

基于现代学徒制的校企双元育人机制，需要校企共建高水平专业、开发课程标准，同时设立研发中心。首先是共建高水平专业。职业院校和企业要将现代学徒制的重点放在发展新兴技术产业所需的专业上，对接地方产业的发展优势，整合高职院校的专业设置，抢占新一轮经济发展的制高点，如网络安全、人工智能、大规模集成电路、信息技术、数字贸易等相关专业。其次是共同开发课程标准。职业院校要加强与企业的合作，结合学校专业发展的实际，对接行业龙头企业的技术标准，校企联合开发课程标准，积极打造一系列"走出去"的国际课程标准。最后是校企共建研发中心。校企通过共建技术研发中心，解决当前学校和企业在实施现代学徒制过程中遇到的问题，需要强调的是，研发中心可以同实训基地进行一体化的建设，共同提升学生、教师与企业员工的创新能力与技术技能水平，解决企业的技术瓶颈。

（三）共建育人队伍，打造混编结构化师资团队

校企双元育人机制的核心是高水平的师资团队。只有不断提升师资团队的教学水平，打造高水平的师资队伍，才能保证育人目标的实现，促进职业院校和企业的长远发展。首先，校企合作共同制订师资团队建设的标准，包括人才选聘标

准、教师培训标准、专业带头人选聘标准、兼职教师选聘标准等。其次，畅通校企之间的人员交流通道，建设混编结构化师资队伍。在职业院校和企业之间实现人员的无障碍流通，职业院校可以从企业引入兼职教师，职业院校的专任教师也可以到企业去担任技术职务，通过构建一支校企混编的结构化教师队伍，促进教师和企业技术人员之间的沟通交流，进而提升专兼结合的教师队伍的"双师"素质。再次，通过高端人才引进，培育一支高端创新师资团队，增强校企双元合作育人团队的影响力。校企合作积极引进相关领域的领军人才、有权威影响力的带头人以及技艺大师，组建一支既能提供人才培养指导，又能够改进企业生产技术、解决实际生产过程中的难题的骨干教师团队。最后，建立健全教师培养制度。实施现代学徒制的职业院校可以采用"双导师"制度，每位学生将拥有两名辅导教师，即一名校内导师，主要负责理论知识的讲授，一名校外兼职导师主要负责实践教学。为了支持"双导师"制度，校企还要联合规范"双导师"的培养工作，明确双向挂职锻炼、协调进行人才培养的激励制度和考核体系，将责任落实到个人，围绕现代学徒制的人才培养机制，不断优化师资团队的结构。

（四）共建共享教学资源，推动教学改革与创新

为了满足现代学徒制的发展要求，更好地服务于地方经济的发展，校企合作应共建共享教学资源，推动教学的改革与创新。首先，校企合作编写有针对性的教材。校企双方在合作编写教材的过程中，需要考虑到专业特点和实际岗位的标准，加强课程标准和职业技能标准的对接，培育更多符合企业需要的技术技能人才。其次，对接企业需要，创新课程模式。为了满足企业对于人才的需求，校企共建线上、线下相互融合的课程资源，实现课堂内容的实时更新。最后，围绕现代学徒制的实施要求，创新教学方式，改革相关教学制度。在教学方式上，教师在授课时要充分考虑每位学生的特点，让学生成为课堂活动的主体，通过课堂活动的各个环节提升学生的专业技能。在教学制度改革方面，要为学生提供弹性学制和更加灵活的学分置换机制，方便学生到企业进行实习或者自己进行创业。

三、基于现代学徒制的校企双元育人实施路径

（一）注重顶层设计，为构建校企命运共同体提供根本保障

政府要加强现代学徒制的顶层设计工作，统筹兼顾各方面的资源与利益诉求，制定综合性、合理化、科学性的措施，实现校企双元育人。现代学徒制是一种自上而下进行的教育改革，政府要通过试点工作，总结实践经验，进而大规模地推广现代学徒制，构建全国范围内较为稳定的校企双元育人机制。同时，通过

制定相关政策和方案，明确现代学徒制校企双元育人的具体实施细则，使地方政府和相关部门有章可循，确保现代学徒制的落实效果。最后，还要通过政府的政策红利和经济手段调动企业参与构建校企命运共同体的积极性，拓宽校企之间的合作领域，增强对企业承担教育责任的宣传，形成良好的社会环境，有力推动校企命运共同体的建设工作。

（二）明确立德树人目标，解决利益分配不平衡的问题

现代学徒制的根本目标是培育一大批"能工巧匠"，基于现代学徒制的校企双元育人必须明确立德树人的目标，充分发挥学校和企业的各自优势，根据学生的成长和发展规律制订相关的育人计划，帮助学生成长为全面发展的技术技能型人才。同时，要加强评价体系建设，坚持基于岗位目标和育人目标的考核标准，严把质量关，大力提升学生的职业素养和技术技能水平。除此以外，在现代学徒制校企双元育人机制建设过程中，还要注重平衡校企双方的利益分配，在强化市场竞争的同时，兼顾多元主体的利益诉求，让社会公众都能够享受到现代学徒制的政策红利，分享校企合作成果。

（三）多措并举打造"双师型"教师队伍，完善职教师资培养制度

职业教育的发展离不开一支高质量的"双师型"教师队伍，基于现代学徒制的校企双元育人需要校企双方协同努力建设一支高素质的教师团队，加快完善职教师资的培养制度。一方面，有针对性地进行职教师资招聘机制的改革，改革招聘模式，构筑多元招聘通道，对具有高技能的人才放宽学历要求。对于那些高层次、高水平、高技能的人才，直接采用考察的方式引进。并且逐步完善兼职教师的选聘机制，提高兼职教师待遇，吸引企业当中优秀的技术人员到学校任教，扩大兼职教师的规模。另一方面，深化职业教师培养制度改革，加快发展职业技术师范教育，为职业院校稳定输出教师资源，同时，加强教师训练基地的建设投入，逐步落实在职教师的基层岗位轮训制度，建立高水平的教师团队以及定期选派骨干教师进行校外交流等，逐步提升职业院校教师的实践教学能力。

（四）打造一批高水平实训基地，提升区域产教融合的力度

深化校企双元育人，需要校企共建高水平的实训基地，丰富现代学徒制实施的教学资源储备，逐步提升区域产教融合的力度。首先，明确现代学徒制校企各方利益需求。对于职业院校而言，实施现代学徒制校企双元育人的目的是促进职业院校的专业设置与区域产业结构相匹配，建立区域产业人才需求与职业院校人才培养的联动机制，促进各层级人才培养标准与行业企业的人才标准相对接。对于企业来说，在新时代的背景下，落实现代学徒制校企双元育人的主要的目的是

促进企业技术升级和保障企业发展的人力资源供给等方面。在校企双元育人中，应找准校企各方的利益诉求，有的放矢地探寻解决对策，为进一步深化区域产教融合提供支撑。其次，打造高水平、多功能化的实训基地。加强各级政府、行业企业、职业院校等多主体合作，共同建设涵盖实践教学、岗位培训、社会技术服务等内容的高水平实训基地，以服务于职业院校的实训课程和企业人才培训，提升校企合作育人的水平。

第三节　现代学徒制企业参与的影响因素、缺失成因与对策

现代学徒制建设，企业的积极参与是关键。然而，企业的参与意愿受到多方面因素的影响，其中，利益获取程度是影响企业参与意愿的直接本质因素，合作关系是间接支撑因素，自身资源禀赋状况是现实因素。当下企业参与现代学徒制建设的意愿不足，主要归结于企业的逐利性价值未得到良好的调节、企业话语权不足、校企合作机制不健全、企业面临师傅选配和成本抉择难题等多层原因。提升企业参与现代学徒制的积极性，应加快构建收支相对平衡的经费制度，赋予企业话语权，强化现代学徒制项目的成本控制，推动"硬制度"与"软制度"建设相结合，营造良好的制度环境，搭建学徒支持系统等，来降低企业的学徒培训风险。

自2014年我国实施现代学徒制试点以来，国家颁布了一系列的配套政策，持续推动职业教育改革和现代学徒制建设。如《国务院办公厅关于深化产教融合的若干意见》（国办发〔2017〕95号）中指出"推进产教协同育人。在技术性、实践性较强的专业，全面推行现代学徒制"。《职业学校校企合作促进办法》（教职成〔2018〕1号）提出"鼓励职业学校与企业合作开展学徒制培养。有技术技能人才培养能力和需求的企业，可以与职业学校合作设立学徒岗位，联合招收学员"。《国家职业教育改革实施方案的通知》（国发〔2019〕4号）提出"坚持知行合一、工学结合，总结现代学徒制和企业新型学徒制试点经验，校企共同研究制订人才培养方案"。《教育部 财政部关于实施中国特色高水平高职学校和专业建设计划的意见》（教职成〔2019〕5号）提出"提升校企合作水平，施行校企联合培养、双主体育人的中国特色现代学徒制"。《职业技能提升行动方案（2019—2021年）》（国办发〔2019〕24号）提出"大力开展企业职工技能提升和转岗转业培训。在全国各类企业全面推行企业新型学徒制、现代学徒制培训，

三年培训100万新型学徒"。尽管在国家政策指导下，我国现代学徒制建设取得一定的成绩。然而，企业参与意愿不足、积极性不高一直是制约我国现代学徒制进一步深化的关键问题。对此，在我国全面推行现代学徒制的背景下，应深入研究影响企业参与意愿的因素，找出企业参与意愿缺失的原因，并提出相关对策，为深化校企合作提供相关方向指引。

一、现代学徒制建设进程中影响企业参与的因素分析

（一）利益获取程度是直接影响企业参与现代学徒制的本质因素

《汉语大辞典》对企业给出了定义："企业是指利用和组织各类生产要素向市场提供商品或服务以达到盈利目的的经济主体。"从企业的定义看，经济属性是企业的根本属性，企业属于营利性组织。现代企业的类型和经营领域多样，不同企业参与现代学徒制的动机有所差别。但从企业的经济属性出发，可以归纳出利益获取是影响企业参与现代学徒制的本质因素。

就我国国情而言，企业参与现代学徒制所能获取的利益主要有四类，首先是经济利益。企业参与现代学徒制能够从三个方面获取较为直接的经济利益：一是享受学校提供的社会服务，如学校师生参与企业的经营管理、产品设计等；二是享受学校提供的科研资源和服务，如使用学校科研场所和设备，师生参与企业技术研发以及攻关等；三是获得优质人力资源，如企业在学徒培训结束后，与毕业生签订劳务合同。其次是社会影响力。在现代市场经济体系中，以品牌影响力为主导的社会影响力无疑是企业核心竞争力的重要构成要素。企业提升自身品牌影响力与行业影响力的途径有很多，参与社会公益事业、积极主动承担社会责任是重要渠道。企业参与校企合作就是参与为社会培养人才的公益性事业，可以显著提升企业的美誉度，从整体上提升企业的社会影响力。再次是精神价值。人是具有自由意志和独立思想的高等动物，追求人生的意义和自我价值的实现是每一个人类个体都具有的内在诉求。企业经营管理者和员工通过参与现代学徒制，既可以为社会培养人才，又能帮助青年学生成长，每一个参与个体都能从中获得意义感、价值感、成就感，这是企业参与现代学徒制衍生出来的精神价值。最后是政策收益。国家为了鼓励广大企业积极参与现代学徒制，出台了一系列支持性政策，各级地方政府也制定了诸多地方性的激励措施。企业参与现代学徒制，能够享受到政府给予的补助、税收优惠、融资支持、优先评奖评优等政策。

在上述四种利益类型中，除了精神价值以外，其他三种尽管表现形式不同，但最终都能转化到企业"降低成本—提高利润"的基本运作模式中，即其本质都

是经济利益。由此看来，利益获取，尤其是经济利益的获取，是企业参与现代学徒制意愿的本质因素。

（二）合作关系是间接影响企业参与现代学徒制的支撑因素

合作关系的本质是交易关系。企业是参与市场经济活动的社会组织，通常具有较为广泛的社会联系，与众多主体维持着合作关系。在现代学徒制教育模式中，企业与学校就是典型的合作关系，"优势互补、资源共享、互惠双赢、共同发展"是企业与学校处理关系的原则，双方主体之间通过信息互换、资源共享、人员流动、物质交换等多种形式维系和推进合作关系，并在这种关系中谋求各自的利益。可见，合作关系是影响企业参与现代学徒制意愿的重要支撑因素。

根据合作的层次和深度，校企合作关系通常会经历四个阶段。第一阶段是对立性合同关系阶段。校企合作初期，双方尚未充分建立起信任关系，在合作过程中往往倾向于采取谨慎和保守的态度，同时由于双方合作在组织文化、管理制度、行为方式等方面处于磨合期，冲突矛盾较为多发，呈现出一定的对立性，合作关系更多依赖合同或协议维系。第二阶段是一般性合同关系阶段。经过最初的磨合期之后，学校和企业之间通常会探索出一种双方都能接受的合作形式，协同配合程度逐渐提高，关于合作项目各个方面的规章制度逐步确立，校企合作关系开始进入良性、规范的轨道。第三阶段是合作关系阶段。随着合作的日渐深入，学校与企业的关系最终发生质变，从以外在强制约束力为纽带的合同关系过渡到以内在互信关系为纽带的合作关系，双方的协同配合紧密和谐，合作的广度和深度不断增加，校企共谋发展的格局初步形成。第四阶段是战略合作伙伴关系阶段。随着校企双方高度互信关系的建立，合作逐渐从局部性、项目式合作进入全局性、融合式战略合作的新阶段，校企之间在达成充分共识的基础上建立战略合作伙伴关系，不仅在当下的业务经营中互惠互利，还在未来的长期发展中相互促进。

校企合作关系的四个阶段中，每一阶段对企业参与现代学徒制的影响都不相同，合作关系阶段层次越低，企业参与现代学徒制的积极性越低，合作关系层次越高则企业的参与积极性越高。因此，校企合作关系处于何种阶段，能否成功跨越每一阶段的局限性以最终达成战略合作伙伴关系，是影响企业参与现代学徒制最重要的支撑因素。

（三）资源禀赋状况是影响企业参与现代学徒制的现实因素

企业所拥有的资源禀赋如何，是影响其参与现代学徒制意愿的关键现实因素。人才培育是一项系统工程，所需要的培训资源类型复杂多样。总体来讲，企业的培训资源可以分为"硬件资源"和"软件资源"两大类。其中,"硬件资源"主要包括物力和财力资源。物力资源,即企业是否拥有足以容纳众多学生(学徒)实习实训的场所,是否拥有足够的实训设备、生产原材料以及基本生活服务设施等。财力资源就是企业是否拥有足额的资金用以支付学徒工资、日常费用以及购买相关原材料等。而"软件资源"主要包括四种,一是师傅资源,即企业是否拥有一支精通生产技术技能的高级技工队伍,足以在维持企业正常生产运作的前提下仍能辅导学徒实习实训。二是文化氛围,即企业是否能够成为学习型组织,是否能为学徒全身心投入实习实训提供思想、心理、人际、行为等各个方面的支持。三是胜任能力,即企业是否拥有专业化、体系化的培训经验和方法论,是否有能力参与学校的人才培养规划制订、人才培养方案设计、课程内容编订等工作,是否有能力为学徒提供优质的培训服务。四是管理能力,即企业是否具备足够强的协调能力来管理好参与企业实习实训的学校师生。

从以上分析可以看出,企业要深度参与现代学徒制,对其自身的资源禀赋要求较高,若没有全面、雄厚的资源积累,企业在现代学徒制教育模式中就只能扮演辅助者的角色,难以从根本上保证学徒实习实训的质量。

二、当前企业参与现代学徒制意愿缺失的成因

(一)企业的逐利性价值是天然屏障

企业是市场经济主体,其本质属性是经济性,追求利润是多数企业经营的核心动力。在我国社会主义市场经济体制下,各类企业,尤其是民营企业都是市场竞争的直接参与者,激烈的市场竞争客观上要求企业持续获取足够的利润以支撑其技术研发、扩大规模等进一步巩固市场竞争优势的投资行为。因此,企业的逐利性价值是自身属性与外部压力共同作用的结果,不仅具有逻辑必然性,还具有客观必然性。

现代学徒制是学校教育与传统学徒教育的结合,因其跨界性聚合了不同类型的教育资源,兼具学校教育与社会教育的优点,但同时,由于调动了广泛的资源参与教育活动而推高了教育成本,社会必须为现代学徒制的实施付出更多的资源投入,而企业就是承担这种资源投入的主体。企业参与现代学徒制所要承担的成本高昂,需要具备全面、雄厚的资源禀赋,相较于企业负担的成本,其参与现代学徒制的收益却具有不确定性。一方面,现代学徒制的实施周期一般都长达数年,在此期间,企业需要持续不断地投入人力、物力、财力,而学徒工所能创造的价值有限。即使培训期结束,也很难保障学生毕业以后都能够留任,因为每一

个学生的就业选择受个人意愿、薪资待遇、工作环境、职业前景等诸多因素影响，企业不可能一一满足。倘若培训合格的学徒流失严重，或留任时间过短，企业都将得不偿失。另一方面，企业参与现代学徒制还面临诸多外在风险，如外部市场环境的变化有可能迫使企业改变业务方向，因为学徒岗位转型需要进行二次培训投入；企业采用新技术新工艺，导致先前制订的实习实训内容不能满足新的岗位工作要求。总之，企业的逐利性价值决定了其参与现代学徒制必须充分考虑投入产出比；同时，企业参与现代学徒制的成本居高不下与预期收益的不确定性并存，共同构成了阻碍企业参与现代学徒制的天然屏障。

（二）企业的话语权不足是现实障碍

现代学徒制的本质是校企双主体育人，各自发挥育人的优势和长处，相互补充，相辅相成。德国的现代学徒制全球称道，主要因为学校和企业在育人过程中都居于同等重要的地位，企业会充分遵循学校的教育体系，学校则会充分考虑企业实训的现实要求，达到一种珠联璧合、相得益彰的境界。反观我国，尽管早在2014年，《国务院关于加快发展现代职业教育的决定》（国发〔2014〕19号）中就明确要求"发挥企业重要办学主体作用"，2017年，《国务院办公厅关于深化产教融合的若干意见》（国办发〔2017〕95号）又再次强调"强化企业重要主体作用"，但在现代学徒制的试点工作实践中，学校主导、企业配合仍然是常态，企业参与人才培养的话语权普遍不足，导致企业推进现代学徒制的态度消极，学生在企业实习实训的时间短、质量差，严重制约了现代学徒制的推广和深化。

企业在现代学徒制中话语权不足的原因首先是学校与企业教育观念的差异。学校与企业是两类性质截然不同的主体，总体上来讲，学校是公益型组织，而企业是经济型组织，两者在组织文化、管理模式、价值取向、行为方式等诸多方面大相径庭，其反映在人才培育中，集中表现为教育观念的差异。如学校主张在自由、宽松的氛围中培养启发学生，企业则认为严格、有纪律的氛围更有助于学徒成长。学校希望企业为学生提供技术含量高的实训岗位，以尽快提高学生就业能力，企业则倾向于安排一些相对简单的工作给学徒，以循序渐进的方式培养人才。由于我国学校在育人方面占据主导地位，企业与学校育人观念相左决定了企业丧失教育话语权存在必然性。其次，企业缺乏教育专业能力。学校是教育主体，学校教学管理者和教师在教育岗位上的长期奋战帮助其获得丰富的教育实践经验和对教育规律的深刻把握，在人才培养中占据绝对优势。企业作为市场经济主体，日常经营运作基本与教育无关，既没有体系化的教育资源，又缺乏相关的教育理论研究和实践经验，因而企业的意见往往被学校所忽视。

（三）校企合作机制不健全是不可逾越的制度藩篱

健全、良性的合作机制是实现现代学徒制可持续发展的根本保障。但目前我国现代学徒制由于校企合作机制不健全而暴露出许多问题。一方面，管理体制不完善造成学校和企业之间的矛盾纠纷难解决。现代学徒制尽管是在学校与企业达成共识的基础上落实推进的，但在合作过程中，双方主体不可避免地会产生大大小小的矛盾纠纷，倘若无法通过内部协商解决，就需要一个具有权威性的第三方机构进行仲裁。然而，当前我国实行"政府主导、行业参与、学校实施"的现代学徒制教育模式，尚未设立专门性的校企合作管理机构，校企之间一旦发生矛盾纠纷往往只能向行政部门申诉处理，流程冗长，效率低下。另一方面，合作模式不成熟造成校企合作关系不稳定。当前我国很多地方的校企合作关系仍在探索过程中，尚未形成成熟的合作模式。由于合作模式不成熟，现代学徒制的落实推进主要依赖感情和人脉关系维系，合作层次不高，一旦出现关键性的人事变动，就可能导致现代学徒制项目半途而废。不仅如此，现阶段我国的现代学徒制还面临政府的激励政策难以真正落实的问题。

2014年以来，我国大力推动产教融合、校企合作，并安排专项资金用于补助参与现代学徒制的企业，各级地方政府也制定了不少配套性激励措施。然而，由于很多激励性政策条文用语模糊，在实际落实操作中缺乏明确标准，造成企业本该享受的政策优惠得不到保障。当前政策缺乏具体的实施细则和依据，政策效果往往会大打折扣。除此以外，由于部分地方的激励性政策贯彻执行不力且缺乏有效监督，导致国家政策明文规定的优惠也未充分落实到企业。上述因素都使得企业参与现代学徒制的积极性大打折扣，延缓了现代学徒制在我国的推广进程。

（四）企业师傅选配和成本抉择难题是现实制约条件

现阶段，企业参与现代学徒制不仅面临诸多显性的资源积累和成本支出等"门槛"，在企业内部还面临不少制约因素，其中最为突出的就是师傅选配和成本抉择难题。企业为参加实习实训的学生（学徒）配备师傅是实施现代学徒制的基本要求，但即使面对这一基本要求，许多企业也显得有心无力，主要因为企业面临师傅选聘和成本抉择难题。

具体来看，首先，企业为学徒配备导师会显著增加经营成本。高职培养的人才规格是中高端技术技能人才，这就意味着企业为高校学生配备的师傅必须是精通生产知识的骨干人员。在任何企业中，高级技术人才都是稀缺资源，承担创造高价值的工作，让这类人才花费精力和时间指导学徒，会导致其用在生产工作中的精力和时间减少，从而影响企业的整体生产效率，推高企业的运作成本和用人成本。其次，师傅缺乏向学徒传授真才实学的内在动力。在市场经济条件下，人力资源市场是高度自由竞争的市场，同类型的人才以同台竞技的形式争取工作机会乃至晋升机会。高级技术技能人才掌握的"绝活儿"是其安身立命之本，所谓"教会徒弟，饿死师傅"的观念一直存在，没有特殊原因他们一般是不会轻易把关键技术传授给别人的。同时，现代学徒制要求师傅把多年积累的实践技能传授给学生，却不能给予师傅足够的激励，这就使得师傅缺乏向学徒传授真才实学的内在动力。最后，成本分担机制不健全，企业观望态度明显。在现代学徒制教育模式下，高职学生都是批量进入企业实习实训的，学生们实习实训所占用的生产设备、消耗的原材料都由企业提供，这无疑是一笔不菲的开支。当前我国尚未建立系统化的现代学徒制企业成本分担机制，仅靠国家专项财政补助又远远不够，企业为了控制育人成本，往往倾向给学生安排低技术含量的工作，很少安排技能性生产任务，以减少生产工作失误率，降低原材料损耗量。如此，偏离了实施现代学徒制教育的初衷，白白消耗了更多的社会资源，这又会让企业参与现代学徒制的态度趋于保守，进而陷入一种恶性循环。

三、新时期提升企业参与现代学徒制意愿的对策

（一）建立收支相对平衡的经费制度，为参与企业提供特别奖励

现代学徒制的实施需要企业为学生（学徒）的培训预备充足的教育资源，并在学生实习实训期间连续支付各类教育成本，其客观上要求企业建立收支相对平衡的经费制度，以保障现代学徒制的平稳有序进行。事实上，在世界范围内，依靠国家力量以及社会投入是实现企业参与现代学徒制教育收支平衡的通行做法。当前实行现代学徒制的制造业强国，根据国情社情的不同，主要采取了三种帮助企业平衡收支的经费支持策略，分别是：高工资、高拨款策略；低工资、低拨款策略；"征税—拨款"制度策略。

高工资、高拨款策略适用于现代学徒制基础较为薄弱的社会，通过给予学徒高工资吸引青年学生参与现代学徒制，通过国家财政拨款的高投入给予企业足额补贴，以帮助企业平衡收支。低工资、低拨款策略适用于学徒制传统根基深厚的社会，悠久的学徒制传统使得民众对现代学徒制的认同度很高，即使青年学生进入企业实习实训的工资很低，也不影响生源，还有利于降低企业成本，企业参与现代学徒制的成本低，国家的财政负担也能相应减轻。"征税—拨款"制度策略是基于教育的正外部性而制订的，由于开展现代学徒制的企业所培养的人才也可能进入没有参与现代学徒制的企业就业，这就使前者蒙受损失而后者获得额外利

益，因此国家通过税收制度设计，向后者征税以补贴前者。这是一个公平合理的策略选择。

就我国国情而言，第一种策略与第三种策略皆可采用，也可以两者综合运用。帮助企业平衡收支只是使企业拥有参与现代学徒制意愿的前置条件，要充分调动企业的积极性，还需要更进一步为参与企业提供特别奖励。如奥地利为成立不超过五年就参与现代学徒制且提供学徒岗位超过 10 个的企业提供特别奖励；澳大利亚编订了针对行业的"国家技能需求名单"，凡是能提供规定行业学徒岗位的企业，都能获得政府提供的专项补贴；荷兰则制定了针对参与现代学徒制企业的税收减免、免征社会保险金制度。我国实施现代学徒制，可以借鉴国际先进经验，给予参与现代学徒制的企业更多奖励和优惠。

（二）赋予企业在现代学徒制中的话语权，构建新型产教关系

实施现代学徒制，可以通过建立校企协同育人的机制改变传统学校教育中一直存在的"重理论，轻实践"问题，让学生在真实的工作情境中实习实训，从根本上提升青年学生群体的实践技能。然而，由于多种原因，作为重要教育主体的企业丧失了参与教育活动决策与执行的话语权，不仅导致企业的育人主体作用难以发挥，还恶化了企业参与现代学徒制的整体环境，挫伤了企业的积极性。因此，要深入广泛推进现代学徒制，需要尽快构建新型产教关系，重新赋予企业在现代学徒制中的话语权。

建议如下：第一，搭建沟通交流平台，赋予企业更多教育权利。权责利统一是现代管理理论倡导的基本管理原则，现代学徒制教育管理机制的构建应遵循这一基本原则。地方教育主管部门应引导学校和企业在达成共识的基础上搭建沟通交流平台，健全校企信息共享、交换和反馈机制，赋予企业更多表达意见的机会。同时要对现代学徒制实施效果进行评估，适当加大企业内部评估的权重，不能仅停留在企业盖章或出具相关证明等形式化的层面，而是要更加重视企业的评估意见，将其作为现代学徒制实施成效的重要指标，进一步扩大企业的话语权。第二，保证企业育人主体作用，构建新型产教关系。现代学徒制的本质是校企双主体育人，其中任何一方的育人主体作用得不到保障，都很难高效地完成人才培养任务。企业话语权的缺失从表面上看是企业意见表达机制不畅，企业意见得不到重视，实际上是企业的育人主体地位缺失，因此要构建新型产教关系，重树企业在现代学徒制中的育人主体地位。一方面，学校要切实转变教育观念，深刻认识到企业在技术技能人才培养过程中的重要作用。企业不是"活雷锋"，并不是不求回报地帮助学校开展教育活动，应从主观层面给企业更多尊重和体谅。另

一方面，企业要增强主体意识，通过积极的行动彰显自身的育人主体作用和教育价值。尤其是要完善相关激励机制，给予担任学徒导师的师傅更多的物质奖励、荣誉奖励、职业晋升机会等，充分激发企业师傅的积极性。第三，加强现代学徒制项目的成本控制，降低企业的参与风险，增强企业参与现代学徒制教育的意愿。除了需要加大政府财政投入，帮助企业"开源"以平衡教育收支之外，还需要加强成本控制，帮助企业"节流"以降低企业的参与风险，从整体上提高参与企业的收益率。

首先，发挥政府公共治理功能，控制项目成本。各级政府以及教育主管部门应在现代学徒制教育实施过程中充分发挥公共治理功能，积极转变职能，帮助企业控制项目成本；要高度关注地方现代学徒制项目的进展情况，为校企合作提供更加优质、全面、细致的管理服务，尤其是学校和企业在协同育人过程中产生矛盾纠纷时，政府要及时予以指导和仲裁，减少项目内耗。同时，建议政府可以牵头建立公益性现代学徒制咨询研究机构，向开展现代学徒制的企业提供信息咨询、市场调研、管理指导、人才培养方案制订等服务，降低企业的教育决策成本和管理成本。其次，学校扮演好服务角色，降低项目成本。高职院校在与企业联合培养人才的过程中，可以充分发挥学校的教育优势与科研优势，扮演好服务者的角色，为合作企业提供量身定制的个性化社会服务，从而降低现代学徒制教育项目的运作成本。如学校可以针对合作企业的业务方向和经营特点，开发针对性的教育课程群，并围绕该课程群与企业开展现代学徒制教育，降低企业的招聘成本和用人成本。学校还可以利用自身的科研优势，将校企联合科研攻关、产品开发项目与现代学徒制项目打包运营，提高资源利用效率，降低企业经营成本。最后，企业合理进行现代学徒制的投资决策。企业既是现代学徒制教育成本的重要承担者，又是现代学徒制教育的主要受益者。要降低企业的参与成本，其自身也必须通盘考虑业务性质、产品定位、人才需求、综合实力等多方面因素，合理决策参与现代学徒制的深度和形式，减少决策失误所带来的风险。

(三) 推动"硬制度"与"软制度"建设相结合，营造良好的制度环境

引导企业广泛参与现代学徒制，除了赋予企业更多教育权利，建立有利于增进企业收益、降低企业育人成本的校企合作机制以外，最重要的就是加强制度建设，营造有利于企业积极参与现代学徒制的制度环境。制度作为一般性的办事规程或行动准则，可以分为具有强制约束力的"硬制度"和以引导性为主的"软制度"，前者通常指各官方文件正式制度，后者通常指民间约定俗成的非正式制度。相应地，加强企业参与现代学徒制的制度建设就包括"硬制度"建设、"软制度"

建设与促进两种制度相融合三个方面的工作。

首先，要完善企业参与现代学徒制的正式制度。法律是现代社会最重要和最基础的正式制度。尽管我国自开展现代学徒制试点工作以来，国家出台了一系列旨在推动现代学徒制实施的政策措施，但始终没有从立法层面规范现代学徒制，导致企业参与现代学徒制教育缺乏法律保障。现阶段，推动现代学徒制向更深的层次迈进，需要加强立法工作，明确企业参与职业教育的法律地位，给予企业参与现代学徒制更加明确的预期和保障。其次，要建立企业参与现代学徒制的非正式制度。在信息时代，舆论氛围构成了社会非正式制度的核心要素，推广普及现代学徒制教育，需要加快营造有利于职业教育发展的良好舆论氛围。社会各界力量应联合起来，共同持续加强宣传引导，消除职业教育面临的社会性歧视。无论是官方媒体还是社会媒体，无论是传统媒体还是新媒体，都应积极采取行动，讲好职教故事，传播职教声音，向全社会传扬职业教育正能量，赋予参与现代学徒制的企业和企业家更多的价值感和荣誉感。最后，要着力促进两种制度相互融合。正式制度与非正式制度之间是有机统一、互为补充的关系，它们共同构成了社会治理体系这枚"硬币"的两面。营造有利于企业参与现代学徒制的良好制度环境，必须促进正式制度与非正式制度的相互融合，以达到最佳的制度管理成效。社会舆情引导要主动配合国家政策措施，促进政策效能的释放，各级政府制度建设职能的发挥要积极回应产业界诉求，提高制度的适切性和精准性。

（四）搭建学徒支持系统，降低企业的学徒培训风险

学生（学徒）在企业实训期间的表现以及培训合格后的留任率是影响企业参与现代学徒制意愿的重要因素。建立学徒支持系统，帮助学生全身心投入实训，在提高培训成效的同时减少学徒辍学率、流失率，是降低企业学徒培训风险的重要举措。

首先，为学徒及其家人提供充分的信息支持。信息是人们做出决策的基础依据，只有让学徒及其家人充分了解现代学徒制教育的优势，才能让家长支持孩子参加现代学徒制教育，也才能让学生以积极心态投入企业实训。因此，开展现代学徒制教育的学校和企业要建立面向学生及其家庭的信息沟通机制和渠道，及时向学生及其家人宣传和传达现代学徒制的教育模式、就业前景、教学优势、接受教育的收获等信息，在条件允许的前提下可以组织学生以及家长到实训企业参观，多方调动学生参与现代学徒制的积极性，同时争取学生家长的支持。其次，提供职业指导，帮助学生做好职业生涯规划。参与现代学徒制教育的学生通常是年龄位于 14 岁至 18 岁之间的青少年，青春期的孩子往往具有身心迅速发育、自主意识增强、情绪不稳定等特点，对未来充满美好的想象又普遍缺乏明确的人生目标和坚定的意志力。学校和企业要让学生全身心投入学习和实训并愿意留在实训企业就业，就应针对青春期学生的身心特点，配备专业的职业规划师，帮助学生发现自己的职业倾向，做好职业规划，同时企业也应向学生说明人才成长路径、晋升通道等与学生未来职业发展息息相关的信息，帮助学生树立职业目标和发展信心。最后，给予学生在学业以及生活等方面的支持，消除学生的后顾之忧。现代学徒制要求学生走出校门，进入社会环境——企业中接受教育，而企业与学校在文化氛围、价值取向、管理模式、行为方式等方面的重大差异，会引发学生的种种不适。因此，学校和企业应对学生的整个学习过程给予充分的关注和指导，无论是学生在学业上遇到问题，还是在生活上遇到困难，都要及时给予帮助，消除学生的后顾之忧。

四、结语

现代学徒制不仅仅是一种简单的师徒式教育，更是一种融合各类职业教育元素、由各类社会主体广泛参与、深度融入社会化大生产的新型职业教育模式。企业参与作为现代学徒制运行的载体和形式，是我国现代学徒制人才培养的基本前提。企业参与深度直接影响现代学徒制的运行效率，并关乎受教育者的职业发展和产业进步等社会发展问题。目前来看，影响企业参与现代学徒制的因素复杂，建议政府在深入分析企业参与积极性不高的原因的基础上，加强科学论证，从中央到地方，逐级建立起多层次、立体化的制度保障体系，鼓励支持企业参与现代学徒建设，规范校企合作行为，确保现代学徒制的有序运行。

第四节　发达国家职业教育资历框架建设的先进经验及启示

发达国家资历框架的建设取得了显著的成就，具体表现在架起了职业教育人才培养制度与企业聘用制度之间的桥梁，畅通了技术技能型人才的上升通道；进一步完善了职业教育人才培养体系；有力地推动了职业教育的课程改革和产教融合。总结发达国家资历框架建设的先进经验，可归纳为：基于学习成果导向构建资历框架标准体系、彰显证书整合功能、吸引多元利益相关者参与、注重职业资格与学历资格等值沟通。借鉴发达国家的相关经验，建议我国应以基于能力的学习成果为导向构建综合性资历框架标准体系；坚持政府主导，积极引导多元主体参与，推进国家资历框架的组织建设；完善非正规与非正式学习认证制度，重视普职等值机制设计等。

经历了 30 多年的发展，全球范围内的国家资历框架建设工作取得了显著的成就：从一开始集中于英语国家到现在延伸到非英语国家，从单一的资历框架到综合性的国家资历框架，从行业导向的资历标准发展到现在以学习成果为导向的资历标准。本节将从发达国家资历框架建设取得的成效开始分析，总结发达国家资历框架建设的先进经验，最后提炼出对我国资历框架建设的启示。

一、发达国家资历框架建设取得的成效

国家资历框架的建设是一个系统性、长期性的过程，发达国家在构建资历框架时经历了一个漫长的过程。最早建立国家级资历框架的是新西兰，随着新西兰国家资历框架的作用和建设成就的日益突显，以美国、英国、澳大利亚、法国、德国等为代表的许多其他发达国家也根据终身教育理论，建立了包括资历级别划分、能力标准、运行机制和质量保障体系的资历框架，有效推动了各国职业教育的发展。具体而言，发达国家资历框架建设的成效如下：

（一）架起了人才培养制度与企业聘用制度之间的桥梁，畅通了技术技能型人才的上升通道

人才培养制度与企业聘用制度之间存在壁垒，国家资历框架可以作为二者之间的桥梁，统一人才培养标准和企业聘用标准，畅通技术技能型人才的上升通道。例如，澳大利亚的资历框架分为十个资历等级，前四个等级是证书等级，第五级是文凭，第六级是进修文凭，第七到第十级分别为学士学位、研究生文凭、硕士学位、博士学位。首先，澳大利亚的资历等级将职业证书与学历学位证书等级整合到一起，资历框架的建设和运行维护机构发挥了重要的作用，架起了人才培养制度与企业聘用制度之间的桥梁，不仅对教育供给侧进行了改革创新，还发挥出劳动力市场的中介作用。其次，澳大利亚的资格类型分为 14 个种类，分别从知识、技能和应用三个方面来描述这些资格。每个等级的资格都有详细的标准，这些标准都会向社会公众公布。通过资历框架有效提升了澳大利亚各类资格的质量和透明度，增强了各级各类教育之间的连续性和资格的国际化流动。最后，澳大利亚通过健全完善学分转换制度，方便了学习者将资历学分兑换为学历学位证书和职业技能等级证书，为技术技能人才打通了上升通道。

（二）为进一步完善职业教育人才培养体系提供依据，提升职业教育的社会地位

通过建立国家资历框架，大多数国家的职业教育人才培养体系取得了进一步

的发展。首先，各个发达国家依据资历框架的资历标准，建立类别完备的职业教育人才培养体系。各国根据资历标准制定人才培养标准，进一步提升了职业教育人才培养的质量。而且发达国家随着资历标准的修订，也不断调整人才培养标准，保障为社会提供更加符合需求的专业人才。其次，大多数发达国家建立了专门的平台方便社会学习者查询资历框架相关的资料和信息，这就使得社会大众对于职业教育的理解随之提升，技术技能型人才在劳动力市场也能够得到更多的认可，由此提升了职业教育的社会地位。例如，英国的资历框架从1987年建立至今，经历了多次变革，资历框架更加细化，资历标准更加严格，并通过实施灵活的学分转换制度，有力地提升了职业教育的社会地位，保障职业教育与普通学历教育的协同发展。

（三）推动了职业教育的课程改革和产教融合，实现职业教育的内涵化发展

发达国家在建立国家资历框架后，本国的职业教育为了培养符合资历框架标准的人才，必须主动实施职业教育改革。需要强调的是，这种改革并不是浅层次的教学改革，而是系统化的人才培养体系改革。例如，欧盟的资历框架分为8个层级，每个层级对于知识、技能和能力都有不同的要求。为了获得相应的资历，学习者必须符合相应的标准，如此一来，欧盟要求本区域内的各国加强职业教育相关课程建设与改革，深化产教融合，为学习者提供资历匹配的培训项目。欧盟资历框架以学习成果为导向，对职业教育提出了更高的要求，有力地推动了欧洲各国职业教育的内涵化发展。

二、发达国家资历框架建设的先进经验

（一）基于学习成果导向构建资历框架标准体系

发达国家在进行资历框架标准体系建设时，严格遵守和落实以学习成果为导向的理念，实现职业教育人才培养体系、人才评估体系和劳动力市场用人体系之间的有效沟通和衔接。例如，德国构建的资历框架标准体系，在整合能力基础上，贯彻了以学习成果为导向的理念，实现了学习成果的标准化，促进了学习过程的灵活化，并为行业企业雇主、学习者、教育培训机构和个人提供了更加清晰的资格证明体系，促进了劳动力资源在德国社会更加顺畅流动。同时，以学习成果为导向有助于打破学习的限制，实现在任何时间、任何空间多样化形式的学习，使非正式的学习成果和正式学习成果都能得到资历标准的认可。再如，法国的国家资历框架是基于学习成果导向的，学习者可以采用更加灵活的方式开展学习，极大地提升了学习者的积极性。除此之外，基于学习成果导向构建的资历框

架标准体系引入了能力模块，拓展了现有的证书认证途径，使"混合型证书认证"成为现实，学习者可以通过多样化的学习方式获得不同能力模块的学分，最终兑换为一个职业资格等级证书。由此一来，利用能力模块弱化学习的形式更加强调学习的成果，这使得劳动者的学习更具灵活性。并且，国家资历框架的标准体系是根据学习者的学习成果来确定资历等级的，有助于对学习者进行更加科学化、合理化、系统化的评价。

（二）彰显证书整合功能，吸引多元利益相关者参与

发达国家在资历框架建设过程中，注重证书的整合和有效管理，通过统一的证书颁发机构，规范各类证书的设立过程、评定标准和更新时间，有效地避免了证书之间难以衔接而且证书质量参差不齐的问题。例如，法国的国家能力署负责管理各类证书，制定了严格的准入机制，并且强化对各类证书的宣传，让公众了解各类等级证书的意义，增强证书的社会公信力。法国国家资历框架为各类教育之间的沟通架起了桥梁，通过各级各类证书密切劳动力与职业教育的联系，彰显了证书的整合功能。而且，发达国家在资历框架的实施过程中，非常重视吸引多元利益相关者的参与，这方面表现突出的国家是德国与美国。德国在建设国家资历框架的过程中，坚持政府的主导地位，同时重视吸收多元利益相关者，政府在整个过程中起到统筹规划的作用，为国家资历框架的建设提供资金支持和制度保障；多元利益相关者发挥参与作用，帮助政府进行各级各类证书的认定，发挥监督约束的作用。此外，多元利益相关者的作用还体现在参与德国能力署的治理工作以及完善资历框架的评估标准等方面。美国的资历框架建设过程是一个典型的多元利益相关者参与的过程，不仅在框架搭建过程中吸收了相关建议，还在试点阶段邀请相关机构进行参与。美国资历框架的具体开发过程也离不开利益相关者，如美国联邦政府、教育培训机构、行业企业雇主等。多元利益相关者的积极参与，增加了学习成果的透明度，强化了社会公众对资历框架的信任，促进了资历框架各方面的逐步完善。

（三）注重职业资格与学历资格等值沟通

在建设资历框架时，发达国家非常重视职业资格与学历资格的等值沟通。其中，2019年德国联邦教育与研究部将资历框架划分为33种资格类型，具体包含8种普通教育领域的资格，25种职业教育领域资格，并采取了一系列措施促进职业资格与学历资格的等值沟通。首先，德国资历框架当中职业资格和学历资格能够在任意一个资历级别上实现等值。德国基于学习成果的资历框架，实现了职业资格在低、中、高三个级别上与学术资格的等值。比如第7级的"技术型企业管

理人员"是职业资格，它能够与学历资格当中的"硕士"等值，这两个资格在德国社会具有相同的社会认可度。其次，不同类别、不同领域的同等级资格，能够实现等值。德国资历框架认可通过不同渠道获得不同领域的资格，而且通过不同的等级标准描述来表现它们之间的差异。如果在具体的资格标准表述中出现同一个等级包含多个领域的资格，这种情况下用"或"来展示它们的区别。德国资历框架基于学习成果制定的等级标准，促进了职业资格与学历资格的等值沟通，实现了普职融通，有效地帮助了学习者通过多样化的学习方式获得学习成果。

三、发达国家资历框架建设对我国的启示

（一）以基于能力的学习成果为导向，构建综合性资历框架标准体系

发达国家资历框架标准体系建设经验表明，基于能力的以学习成果为导向建立的国家资历框架和相关标准，能够有效解决多元资历体系分立、人才供给与需求不匹配等问题。考虑到我国资历框架发展的现状和相关需求，建设以学习成果为基准的国家资历框架标准体系很有必要。在这个标准体系的建设过程中，一方面要参考发达国家的先进经验，还需要在比较的基础上实现资历框架标准体系的本土化。在具体操作过程中，需要从以下几个方面开展工作：首先，引入规范化的术语，将"资历等级、资历类型、资历学分"等术语规范化使用，在资历框架的相关文件中进行具体的阐释。其次，将学习成果作为基础，根据行业企业的发展需要制定职业技能相关标准，并划分具体的资格类型。再次，建立基于学习成果的培训包。我国可以借鉴澳大利亚的经验，与相关行业企业一同研发培训包，每一个培训包都包含相应的知识与技能标准，学习者达到相关要求就可以获得相应等级的资历证书。同时，要详细规定每个资格证书所需的学分，制定统一的学分计算标准。最后，根据我国国情明确资历等级的相关标准。我国应根据职业教育的发展情况和行业企业的人才需求，建立相应等级的资历标准。

（二）坚持政府主导，积极引导多元主体参与，推进国家资历框架的组织建设

根据发达国家建设资历框架的经验，我国可以采用政府主导、多元主体共同参与的形式来推进国家资历框架的组织建设。首先，坚持政府的主导地位，由政府把握建设国家资历框架的大方向。政府需要全盘考虑国家资历框架的建设问题，包括资历框架的顶层设计、相关法规制度、保障制度以及具体实施过程。在整个建设过程中，政府也应时刻关注国家资历框架的实施情况，确保国家资历框架的健康快速发展，同时及时解决发展过程中出现的一些问题。其次，强化国家

资历框架组织机制的建设。政府可以将国家资历框架的具体建设工作委派给一个独立的工作小组或者工作委员会。这个组织可以是临时成立的，也可以是一个正式的长期组织。组织成员由各方面的利益相关者代表组成，打破各利益相关者之间存在的壁垒，整合各部门之间的权力。工作小组明确各利益相关者的权责划分，有助于国家资历框架建设工作的有序进行。再次，鼓励行业企业组织参与职业标准的制订。行业企业的用人标准会随着产业发展变化而不断改变，吸引行业企业参与职业标准建设，有助于形成动态的资历标准。最后，建立多元主体共同参与的质量监督制度。通过多元主体的共同参与，制定一个较为严格的国家资历框架质量监督机制，通过监督和管理，可以进一步提升国家资历的质量和公信力。

（三）完善非正规与非正式学习认证制度，重视普职等值机制设计

对于学习成果的认证，我国还应进一步完善非正规与非正式学习认证制度，完善普职等值机制。首先，建议设立一个专门负责学习成果认定的机构，由行业企业专家和学校教授组成，负责学习成果认定的全过程，为学习者提供更加便捷的学习成果认证渠道。其次，采用多样化的方式进行非正规和非正式学习成果的认定。例如，利用档案袋评价法综合评价学习者的学习经历和一切形式的学习成果，由认证机构来判定学习者是否达到资历框架的相关标准。在具体的认定过程中，认证机构可以采用混合式的评价方法来综合评价学习者的知识和能力，使评价结果更加公平、公开、公正。再次，利用互联网、大数据等新兴技术，建设学习成果认证平台。为每个学习者提供个人学习账户，学习者可以将自己通过任何形式所取得的学习成果储存在这个账户中，通过一定时间的学习成果积累，兑换为相应的资历学分。最后，积极进行学分转换。为学习者提供更多学分转换的渠道，学习者通过非正规与非正式学习所获得的学习成果，都可以兑换为资历学分。与此同时，我国应借鉴发达国家的经验，重视普职等值机制的设计。一方面，尝试通过资历框架打破职业教育与普通教育之间长期存在的壁垒，实现普职融通；另一方面，通过统一的资历学分系统，设立更多普职之间的过渡课程，逐步统一普通教育和职业教育的教学质量。

总之，我国国家资历框架的建设任重而道远，需要社会各界的积极配合和响应。经历了一段时间的试点，我国国家资历框架已经具备了雏形。通过总结发达国家建设资历框架的先进经验，我国能够明确资历框架建设的重点和难点，在未来的工作当中有的放矢，以便更好更快地完善我国资历框架体系。

第五节　职业教育"1＋X证书"制度推进路径探讨

为了满足复合型人才的需求，提升职业教育人才培养质量，我国正在逐步落实"1＋X证书"制度。当前职业教育实施"1＋X证书"制度面临定位不精准、限制条件较多、考核标准不完善、缺乏课证融通制度、相关体制机制不完善等方面的问题。笔者建议从加快国家层级的资历框架建设、借助学分银行实现课证融通、构建职业技能鉴定站、健全职业技能的评价标准、建立证书信息化管理平台、完善证书授予资质管理制度、鼓励行业企业积极参与等方面推进"1＋X证书"制度建设。

2019年4月，我国正式启动"1＋X证书"制度的试点工作，鼓励接受职业教育的学生不仅要获得学历证书，还要积极考取各种不同等级的职业技能证书。职业教育实施"1＋X证书"制度具有十分重要的意义。首先，实施"1＋X证书"制度能够满足我国产业转型升级对复合型技能人才的需求。传统的职业教育模式所培养的具备单一技能的人才已经很难适应当前行业企业的用人标准，只具备一种职业证书的学生在毕业之后很难找到合适的工作。"1＋X证书"制度能够激励职业院校的学生向复合型技能人才的方向发展，提升人才综合素质。其次，"1＋X证书"制度是我国职业教育人才培养质量提升的重要手段。职业技能等级证书与学历证书在职业教育体系中的地位相同，有助于突破当前课证难融的局面，打破两类证书之间的壁垒。最后，"1＋X证书"制度是国家资历框架体系和终身教育体系建设的必然要求。我国国家资历框架正在紧张的筹备过程中，尚未建立完善的国家资历框架体系。学历证书和职业技能等级证书分属不同的组织机构，给国家资历框架的实施造成了一定的困难。实施"1＋X证书"制度之后，职业院校会积极促进学历教育与职业技能训练的协调发展。"1＋X证书"制度有助于我国国家资历框架的实施和终身教育体系的构建。同时，"1＋X证书"制度是国家职业资格证书改革的需求。长期以来，我国证书的种类很多，但是含金量有高有低，职业资格证书作为从业者职业能力的鉴定依据缺乏公信力，"1＋X证书"制度的实施将会提高职业技能等级证书的含金量和公信力。

实施"1＋X证书"制度对于我国职业教育改革而言具有深远的意义。由于"1＋X证书"制度试点工作刚刚启动，还有诸多工作需要准备和落实，对此本节深入分析"1＋X证书"制度在试点工作中可能遇到的难点问题，并有针对性地提出应对措施，以期为深化国家职业教育改革，有序贯彻落实"1+X证书"制度提供借鉴和指导。

一、当前落实职业教育"1＋X证书"制度的难点

(一)"X证书"的定位不精准，容易受到"双证书"制度的影响

"1+X证书"制度与当前职业教育实行的"双证书"制度既有相同点又有不同之处。两种制度的相同点包括："1+X证书"制度中的"1"指的是学生毕业时所要获得的学历证书，"双证书"制度当中也有一个证书指的是学生毕业时所要获得的学历证书。而且两种制度都倡导将学历教育与技能培训相结合，从多元角度评价学生。但是这不代表"1+X证书"制度与"双证书"制度很相似，二者有很多不同之处：首先，"双证书"制度要求学生在毕业时获得学历证书和职业资格证书，职业资格证书是从事某个行业的准入资格；而"1+X证书"制度中的"X证书"指的是学生在毕业时要获得的技能等级证书，用以衡量和鉴定学生的职业技能水平而不是准入级别的资格。"1+X证书"制度对学生的要求更高。其次，"1+X证书"制度比"双证书"制度更具有灵活性。"双证书"制度中，学生在毕业时所要考取的职业资格证书是从入学时就已经确定的，只要求学生考取一个职业资格证书。"1+X证书"制度中，学生可以考取与专业相关的证书，也可以根据自己的个人爱好或者以后的就业方向选取其他的证书。对于学有余力的学生，可以考取各级各类的职业技能等级证书，能将学生的个人发展、兴趣爱好、就业选择与职业技能提升紧密联系在一起。当前在"1+X证书"制度的试点工作过程中，很多职业院校没有意识到"1+X证书"制度与"双证书"制度具有本质上的不同。职业院校按照之前实施"双证书"制度的惯例去落实"1+X证书"制度，使"1+X证书"制度难以发挥自身的作用。单纯地鼓励学生在毕业时多考取几个职业技能等级证书，使得"1+X证书"制度流于形式。"1+X证书"制度的定位不精准，并未从根本上促进职业教育的改革。

(二)考取"X证书"的限制条件较多，考核标准不完善

在国家职业技能等级考试中，部分报考条件会要求有一定期限的工作经历和相应等级的职称。在校生由于缺乏相应的工作经历和职称，不能考取较高级别的职业技能等级证书。"X证书"的报考限制条件较多，打击了学生考取各级各类职业技能等级证书的积极性，不利于"1+X证书"制度的推广实施。"1+X证书"制度不只是一种评价学生学习成果的方式，更有助于学生找到心仪的工作，还可以促进学生自我监督自主学习，努力提升自身综合素质。因此建立"X证

书"国家考核标准显得十分重要,关乎着"1＋X证书"制度能否促进人才培养质量的逐步提高,以及"X证书"含金量的高低。然而,目前我国尚未建立"X证书"国家考核标准,考核标准不完善容易造成乱培训、滥发证的现象。有些学校为了提高"X证书"考核通过率,故意放松考核评价标准,这种行为会造成"X证书"的社会认可度较低,不利于"1＋X证书"制度的长期发展。

(三)缺乏课证融通制度,"X证书"与专业课程的融合度较低

职业院校缺少课证融通的制度,"X证书"与专业课程的融合度较低。具体表现在以下几个方面:首先,职业院校的课程体系当中没有针对职业技能培训设置专门的课程。学生只能利用自己的课余时间和假期自学备考,对于职业技能等级证书的相关情况不够了解,备考时间较短且缺乏专业指导,因此通过考试的概率较低。其次,在课程考核阶段,职业院校大多数采取纸笔测验、实操考核和综合评价的方式来检验学生的学习成果。学生考取课程相关的职业技能等级证书并不能作为一种替代考试的评价方式。"以证代考""证考融合"相关的制度缺失,学生疲于应付课程考试无暇顾及考证,影响了"X证书"的考核通过率。最后,职业院校的学生大多数在毕业之前才会进行企业顶岗实习,整个课程体系当中能够锻炼职业技能的机会不多。这造成学生参加职业技能等级考试时实操能力较弱,影响学生获得更多类型和更高级别的证书。

(四)与"1＋X证书"制度配套的体制机制不完善,职业技能鉴定机构数量不足

在职业院校中推行"1＋X证书"制度需要一定的内外部条件,当前职业院校与之相关的体制机制不够完善,体现在以下几个方面:首先,人才培养机制不完善,学生职业能力的提升受到一定限制。职业院校在制订人才培养方案时,缺乏前期的调研工作,很多专业课程的设置与地方产业发展脱节。课程的内容没有及时更新,学生的职业能力与职业技能等级证书要求的能力标准有一定差距。职业院校在人才培养目标、课程结构、实践项目和考核方式等方面与行业企业的用人标准衔接不畅,难以满足职业技能等级评定机构对职业能力的要求。其次,校企合作机制不健全,学生到企业实习的机会较少。企业出于自身利益考虑,缺少参与校企合作项目的热情。学生到企业的顶岗实习效果不够理想,职业技能的提升较为缓慢。再次,职业院校中的"双师型"教师数量不足,缺乏职业技能等级鉴定的经验,无法对学生考取职业技能等级证书提供有效指导。最后,职业技能鉴定机构的数量不足。一方面,学校内部的实训基地都是教学场所,不满足进行职业技能培训和鉴定的条件,缺乏相关的考评资质,校内无法进行职业技能鉴定。另一方面，行业类技能鉴定站的设立过程较为复杂，需要得到相关部门的层层审批，因此相关的职业技能鉴定站较少，不利于"X证书"相关的培训和考评的推广。

二、职业教育"1＋X证书"制度的推进路径

（一）加快国家层级的资历框架建设，精准定位"X证书"，形成等级分明的职业技能标准体系

国家层级的资历框架是实施"1＋X证书"制度的基础，只有先建立等级分明的资历框架体系，精准定位"X"证书，职业技能等级证书的评价标准才有合理的依据。首先，我国应建立全国通用的资历框架体系，促进普通教育、职业教育、继续教育以及其他各类培训之间的相互融通。这样才能依据资历框架体系，针对不同级别的知识、能力和技能的要求，设计不同等级的职业技能证书的评价标准。其次，国家资历框架是与产业发展需求紧密联系的，会根据实际情况不断进行更新。职业技能等级证书的评价标准也要根据国家资历框架的变化进行修订，这样就可以与行业企业的最新动向保持密切联系，有助于职业院校的学生掌握最先进的技术，紧跟时代发展潮流，在就业市场上占据优势。再次，国家资历框架是由国家统一部署的，在社会上具有较高的公信力，覆盖行业范围非常广泛。依据国家资历框架的标准制订等级分明的职业技能标准体系，有助于保障"X证书"的质量。最后，职业技能等级证书是包含在国家资历框架内的，可以实现与资历框架内其他资历的互换与沟通，比如用"X证书"兑换相应的课程学分，有助于课证融通机制的实施。

（二）健全职业技能等级证书的考核评价标准，全面提升"1＋X证书"含金量和社会认可度

"1＋X证书"制度中，学历证书和职业技能等级证书同等重要。职业技能等级证书的考核评价标准由政府主导，行业企业、职业院校、社会组织积极参与共同建立完善。职业院校要树立正确的思想意识，严把"1＋X证书"的质量关，全面提升"1＋X证书"含金量和社会认可度。具体包括以下几方面的工作：首先，对于学生可以考取的"X证书"，职业院校要在严格的审查之后再允许证书进入校园。如果那些技术含量低、收费高、社会认可度低的证书充斥校园，将会对学校的声誉和学生就业造成负面影响。职业院校要及时建立各类证书的入校与退出机制。其次，职业院校要重视证书的培训过程，可以委托培训评价组织进行培训。学生可以根据自身的意愿选择是否参加培训，以及参加哪种证书的培训。

再次，建议相关部门可以考虑放宽相应的条件，为学生提供更多的替代路径去获得参加职业技能等级考试的资格，例如用职业技能大赛中获奖经历或者企业实习经历等条件来替代工作经历和职称的要求。为在校生提供更多鉴定自身职业技能的机会，助力"1＋X证书"制度的实施。最后，严格执行职业技能等级证书的考核评价标准。职业院校要与社会组织合作共同做好证书考核的工作，考核内容要涵盖相关专业的职业素养、职业能力和理论知识，杜绝在证书的考核、评价和发放过程中出现"放水"现象。

（三）借助学分银行实现证书与课程的融通，推动职业教育课程体系的"转型升级"

学分银行可以实现学分的认证、积累和转移，职业院校的学生一方面可以通过学分银行将职业技能等级证书兑换为课程学分，学分积累达标之后获得更高等级的学历证书，降低学习的重复率，提高学习效率。另一方面学生还可以通过在线学习、参与培训、企业实践等方式获得学分，学分积累到一定程度可以兑换为相应等级的职业技能证书，借助学分银行可以非常便利地实现证书和课程的融通。同时学分银行也推动了职业教育课程体系的"转型升级"，具体表现在以下几个方面：首先，课程培养目标从单一转向多元。"1＋X证书"制度倡导学生多元化发展，学生可以通过学分银行积累不同专业的课程学分，并兑换为相应的职业技能证书。职业教育的课程培养目标是促进学生多元化发展。学生可以积累各级各类的学分，考取更多种类和级别的职业技能证书。其次，课程内容从单向度向多向度转变，学生不仅要掌握相关专业的基础知识，还要向更深层次发展，并且注重知识之间的相互融合。最后，课程实施从"以教师为中心"变为"以学生为中心"，学分银行使学生的选择更加多样化，学生成为课堂的主体。

（四）构建职业技能鉴定站，择优遴选培训评价组织，实施高质量的职业技能培训

职业技能等级证书的发放机构必须得到相关部门的行政审批和许可，发放的证书要能得到社会的认可。为了方便学生考取"X证书"，职业院校应设立职业技能鉴定站，在国家教育机构或行政单位的审批基础上，健全职业技能等级证书的质量保障机制。增加职业技能鉴定站的数量不代表证书的质量会下降，必须杜绝降低评价标准滥发证的现象，维护接受职业教育学生的合法权益和职业技能等级证书的权威性。职业技能培训的任务可以由职业院校外包给培训评价组织。培训评价组织的职能非常多样化，是一种多功能的组织，能够凝聚企业、院校和评价机构的力量。职业院校应选择比较优秀和专业化的培训评价组织进行学生的职

业技能培训，促进职业技能培训质量的提升，帮助学生提升自身职业技能获得更多 "X 证书"。

（五）加快 "1＋X 证书" 制度配套的体制机制建设，搭建 "1＋X 证书" 信息化管理平台，完善 "1＋X 证书" 授予资质审核管理制度

针对当前 "1＋X 证书" 制度的配套体制机制不完善问题，政府应多措并举，多方着力，围绕 "1＋X 证书" 制度运行实施的关键要素，强化政策铺垫，加强顶层制度设计。同时，应积极推动 "1＋X 证书" 信息化管理平台的建设，为在校学生和社会人士提供证书相关的报名信息、考核内容、考核方式及考核结果查询服务。还可以提供一些相关的培训和资历要求的信息。大部分证书都可以实现电子化，以便更加高效地进行证书的管理和使用。职业院校虽然已经获得了 "X 证书" 的授予权，但并不是所有的专业都具备证书授予的资质。学历证书可以按照之前的标准和流程继续正常授予，职业技能等级证书的授予需要职业院校的相关专业通过教育行政部门的考核。"1＋X 证书" 授予资质审核管理制度需要不断完善，教育主管部门要定期对获取 "1＋X 证书" 授予资质的职业院校进行资质审核。

（六）鼓励行业企业积极参与 "1＋X 证书" 制度建设，校企合作共建职业教育基地

行业企业在 "1＋X 证书" 制度建设过程中需要充分发挥自身的作用，企业可以根据自身发展的需求提出对学生职业能力的要求，并与学校共同确定 "X 证书" 的数量和种类；具有证书授予资质的企业可以参与学校内部的职业技能鉴定，提高学生职业能力发展的针对性和实效性；校企共同建设实习基地，既可以向学生宣传企业文化，又能够通过实习基地获得职业院校的技术支持，同时为职业院校的学生提供更多提升职业能力的实践机会。学校和企业还可以在政府的引导下，共同建设职业教育基地，专门提供职业技能培训，面向的对象不仅是在校学生还可以是社会人士。职业教育基地不仅可以有针对性地提升学生的职业能力，帮助学生考取更多证书，还可以为学校和企业创收。

三、结论

实施 "1＋X 证书" 制度是新时期提升高技能型人才质量的重要途径，应在稳步提高毕业证书含金量的基础上，鼓励学生考取相关职业技能等级证书，拓展就业创业本领，保障高质量就业和提升职业发展水平。需要强调的是，试点院校要准确厘清 "1＋X 证书" 的内涵要素，准确把握和处理好学历证书和职业技能等级证书的关系，严把毕业出口关，确保毕业证书的含金量。同时，试点专业应以学分制改革为契机，探索建立学习成果认证、积分转换机制，推动职业技能等级证书与学历证书相互融通。

第六节　高职院校实施"1+X证书"制度的价值、问题与对策

高职院校实施"1+X证书"制度，是职业教育改革的必然要求，也是高职教育内涵建设的现实需要。"1+X证书"制度的实施有助于实现学历教育与职业培训的相互贯通，进一步深化职业教育校企合作，提升技术技能型人才的培养质量。当前，高职院校在实施"1+X证书"制度的过程中还存在一些问题：高职院校重视度不够，"三教"改革的推进力度不足；"X证书"的影响力较小，社会认可度较低；"1+X证书"制度的对接不顺畅，缺乏课证融通制度的实施保障。为了解决这些问题，高职院校需要提升重视度，以"1+X证书"制度为基础，推动高职院校的"三教"改革，凝聚多方面的优势资源，提高"X证书"的社会影响力，健全课证融通制度，逐步完善"1+X证书"的配套制度体系。

实施"1+X证书"制度对于高职院校来说，是一项非常重要的教育改革任务，也具有很强的现实意义，能够促进职业教育的可持续发展。近期，由教育部牵头进行的试点工作已经取得了一定的成就，"1+X证书"制度在推动职教改革、创新教学方法等方面的作用逐渐凸显出来。明确"1+X证书"制度的重要意义，梳理当前试点过程中遇到的现实问题，研究解决这些问题的具体对策，对于全面推动"1+X证书"制度具有重要作用。

一、高职院校实施"1+X证书"制度的价值

（一）有助于实现学历教育与职业培训相互贯通

职业教育与学历教育相比较，最明显的优势就是与产业联系紧密。在实施"1+X证书"制度之前，职业教育领域长期实行双证书制度。1993年首次提出实行双证书制度，1996年以法律的形式确定下来，2011年教育部明确部署双证书制度，并要求进行学历证书和职业教育证书的对接。在双证书制度实施一段时间后，由于机械式地照搬发达国家的经验，一些缺陷逐渐显现出来：职业资格证书与学历学位证书的双轨制不利于学历教育与职业培训的相互贯通，缺失统一的标准导致一些证书泛滥，严重影响了双证书制度在社会上的声誉。为了促进普职

融通，打破职业教育与学历教育之间的壁垒，我国决定实施"1＋X证书"制度。从"1"与"X"的关系来看，"1"是基础，"X"是"1"的补充和拓展；从获得"1＋X证书"的途径来看，采用正式的学习途径和非正式的学习方式都可以获得"1"或"X"证书。根据"职教20条"的相关规定，对于那些已经取得部分职业技能证书的社会学习者，凭借证书免修部分职业课程，完成剩余的学习任务后就可以获得正式的学历证书；对于那些已经在职业院校获得毕业证书的学生，在参加职业等级考试时可以免试相关内容。我国积极进行学分银行的建设，鼓励学习者开设个人学习账号进行学习成果的登记，个人累积的学分可以方便地兑换为职业证书或者学历证书。高职院校实施"1＋X证书"制度，从一个新的角度推动"课证融通"，有助于培养更多复合型的技术技能人才。

（二）推进高职教育的产教融合，深化高职教育的教学改革

"1＋X证书"制度将"X证书"的开发和运行主体设定为培训评价组织。培训评价组织是联系政府、高职院校、行业企业之间的桥梁，能将企业生产过程中的新技术、新要求及时融入职业技能标准当中。通过培训评价组织实施"X证书"，可以解决高职院校办学过程中课程内容与职业技能标准脱节的问题，还可以更好地平衡毕业生"就业难"与企业"用工荒"之间的人才供需之间的矛盾。"1＋X证书"制度通过统一标准，督促职业院校培养复合型技术人才，鼓励行业企业组织参与技术技能人才培养的全过程，进一步推动了高职教育产教融合的深化改革。高职院校为了提升学生的能力，帮助学生获得更多的"X证书"，会在教育的过程中突出职业技能的教育，强化对学生的职业技能评价，与此同时还能深化教育教学改革。"1＋X证书"制度的实施，客观上要求高职院校的教师不断提升自己，努力成为"双师型"教师团队的一员。高职院校开设"课证融通"的职业教育课程，需要把职业技能相关的标准融入教学的全过程中，鼓励教师采用更加丰富多样的教学方法和手段，推动高职教育的教学改革不断深化。

（三）提升人才培养的质量，促进高职教育的内涵建设

"1＋X证书"制度的实施，为高职教育人才培养质量的提升和高职教育的内涵建设提供了良好的机遇。我国的职业教育虽然经历了多年的发展，也取得了不可小觑的成绩，但是还存在着一些固化的问题。高职教育的发展参照普通本科高校，不仅对学科体系的建设进行照搬照抄，而且教师大多数毕业于普通高校，这与高职教育培育技术技能型人才的目标存在一定的冲突。而实施"1＋X证书"制度能够从根源上解决这个问题。"1＋X证书"制度基于统一的职业技能标准，高职院校在进行教师选聘和学科体系建设时也必须依照这个标准，这就有助于高

职教育的内涵化发展。随着我国经济的飞速发展，各行各业对于复合型技术技能人才的需求激增，对人才的职业技能水平和专业知识水平的要求也更加精细化、高标准化。高职院校要认清这个现实，把握实施"1＋X证书"制度这个机遇，从人才供给侧进行深入的变革，通过提升高职教育质量和促进高职教育的内涵化发展，培育更多的高水平复合型人才。

二、当前高职院校实施"1＋X证书"制度的问题

我国政府非常重视"1＋X证书"制度的实施，并为此制定了详细的试点方案，在试点成功后将逐步进行全面推广。当前在高职院校实施"1＋X证书"制度还存在一些现实的问题，这些问题严重阻碍了"1＋X证书"制度的落实。

（一）对"1＋X证书"制度缺乏足够重视，"三教"改革的推进力度不足

目前，部分高职院校还在延续原有的"双证书"制度，对于"1＋X证书"制度的实施有一定的排斥心理。实施"1＋X证书"制度是一个系统化、体系化、综合性的教育改革工程，需要占用高职院校大量的资源。一些高职院校尚未认识到"1＋X证书"制度的先进性，反而认为这是耗时耗力的一项"面子工程"，缺乏进行改革的主动性和积极性，对"1＋X证书"制度不够重视，不利于"三教"改革的推动。首先，"双师型"教师数量较少，教师平均水平不能达到要求。高职院校原有的师资存在"重理论轻实践"的问题，在教师培训的过程中对于实践能力的提升缺乏足够的重视，教师的实践技能缺乏成为实施"1＋X证书"制度的薄弱环节。如果教师本身的实践水平偏低，又怎能帮助学生有效提升实践能力，获取更多的"X证书"呢？其次，教材编写滞后。很多高职院校疲于应付上级检查，更加看重那些短期内有显著成效的工作，对于需要耗费大量时间和精力的教材编写工作不够重视，缺乏专门负责"书证融通"的教材编写团队。教师在开展关于"X证书"的教学工作时，只能自己搜集相关资料，缺乏系统性。最后，教学方法落后，不能满足"1＋X证书"制度实施的要求。部分高职院校依然采取传统授课模式，学生的课堂参与度较低，教学效果不佳。这样培养出来的学生缺乏自主学习和自主探究的能力，很难达到"X证书"的职业标准。

（二）"X证书"的含金量不高，社会认可度偏低

当前社会各类证书层出不穷，社会大众对于"X证书"存在一定的偏见，很多人不认可"X证书"的含金量。首先，"1＋X证书"制度刚开始推行，社会大众对于这个制度较为陌生，对于"X证书"不太认可。很多学生和家长尚未认识到"X证书"的重要意义和价值，对于考取"X证书"持一种观望的态度。很多

试点高职院校存在"剃头挑子一头热"的现象，即使学校大力推广"X 证书"制度，很多学生也不重视"X 证书"的获取。其次，负责"X 证书"标准制订和相关运行工作的组织是培训评价组织。社会大众对于培训评价组织的功能和业务范围不太了解，心中总会存在一定的疑惑：培训评价组织制订的职业等级标准能否代表企业的利益？针对"X 证书"开展的培训能否真正提升学生的职业能力？龙头企业是否真正参与了标准开发过程？行业企业内部的新技术、新要求是否真正体现在"X 证书"的标准当中？如果这些疑问不能被培训评价组织用实际行动来解答，那么社会大众是不会认可由培训评价组织牵头进行"X 证书"的评定工作的。最后，"1＋X 证书"制度作为我国人才评价体系的一部分，最重要的基础是完善的国家资历框架。当前我国职业教育资历框架还在筹备之中，尚未建成完善的职业教育资历框架体系。因此，"X 证书"的学习成果只能在校内实现学分的互换，不能进入国家资历框架当中与其他区域进行学分的转换。

（三）"1＋X 证书"制度的对接不顺畅，缺乏课证融通制度的实施保障

"1＋X 证书"的对接包括以下三个方面：首先是"X 证书"的职业标准与高职院校的人才培养目标进行对接，其次是"X 证书"的考试内容与高职院校的专业课进行对接，最后是"X 证书"的针对性培训和考试与高职院校教学计划进行对接。只有这三个方面的对接工作都顺利完成，才能保障"1＋X 证书"制度在高职院校顺利实施。当前很多高职院校关于"1＋X 证书"制度的对接不够顺畅，没有做到课证融通。"1"与"X"成为两个分立的目标，而且高职院校对于"X 证书"不够重视，只是在考前为学生提供一些强化的训练，通过"题海战术"获得较高的"X 证书"通过率，违背了实施"1＋X 证书"制度的初衷。高职院校缺乏课证融通制度的实施保障，现有的教学大纲缺乏针对"X 证书"的单独的课程体系，教师在制订教学计划时，也很少考虑"X 证书"与现有专业课程的融合问题，学生的职业技能在整个学习过程中不能得到显著提升，导致最后很难获得"X 证书"，或者只能获得较少的"X 证书"。

三、高职院校实施"1＋X 证书"制度的具体对策

（一）提升重视度，以"1＋X 证书"制度为载体，深化"三教"改革

高职院校要牢牢把握实施"1＋X 证书"制度的机遇，加大重视程度，深化"三教"改革。首先，结合"1＋X 证书"制度的要求，强化"双师型"教师的队伍建设。教师是实施"1＋X 证书"制度的主力军，承担着培养学生职业技术能力的重任。教师自身要重视"1＋X 证书"制度的实施，深入研究"1＋X 证书"

制度，并根据相关要求进行课程开发和教学方法的改革。高职院校要为教师提供更多的培训机会，强化兼职教师团队建设，打造一支适应试点工作的教师队伍。同时对落实"1＋X证书"制度做出突出贡献的教研人员进行奖励，调动校内人员参与教学改革的积极性。其次，基于"1＋X证书"制度，开发课证融通的新教材。新教材不仅要符合专业教学的指标，还要覆盖职业技能标准，将专业教学和考证教学结合起来，保障学生既符合学校的毕业规定，又可以轻松获得更多的"X证书"。课证融通的新教材既是课堂教学的主要依据，又是学生应对"X证书"，考试的法宝。在进行教材内容组织的过程中，要考虑到职业素养的养成顺序，符合学生可持续发展的需要。教材内容的呈现形式要更加多样化，利用活页、手册等形式，方便学生进行学习，并采用"二维码"的方式，将数字化的教学资源融入教材中，帮助学生更好地理解教材内容。最后，采用多元化的教学方法。秉承"工学结合"的职业教育理念，采用角色扮演法、项目引导法、案例教学法等多种教学手段，丰富课堂教学的形式，调动学生参与课堂的积极性。还可以将一些重点的职业技能标准融入教学活动中，通过发布研究项目，引导学生带着问题去学习，学生在解决问题的过程中学习理论知识，提升自身的实践能力。在新媒体时代要善于利用大数据、"互联网＋"平台、移动学习平台、远程教学软件等现代化的技术，促进教学质量的提升。

（二）凝聚多方面的优势资源，提高"X证书"含金量和社会认可度

实施"1＋X证书"制度的过程也是一个多方联动的过程。为了提高"X证书"的含金量和社会认可度，高职院校必须鼓励多元主体共同参与制度建设工作。首先，联合多元主体共同开发完善的职业技能标准。政府负责标准体系建设的顶层设计工作，行业企业和职业院校负责参与标准体系建设，培训评价组织负责具体的标准制订工作。严格的职业技能标准有助于提升"X证书"的含金量。其次，加大对"1＋X证书"制度的宣传和推广力度。拓展"1＋X证书"制度的宣传渠道，在社会上树立"1＋X证书"制度的正面形象，增强高职学生、行业企业、学生家长等方面对"1＋X证书"制度的了解。再次，尽快完善职业教育领域的国家资历框架。畅通正式学习成果和非正式学习成果认定、积累与转换的渠道，鼓励学生和社会人员通过考取"X证书"提升自身在劳动力市场上的竞争力。最后，积极拓宽"X证书"涉及的领域。当前我国"X证书"的试点领域依然非常有限，不能满足学习者的所有需求，应积极拓宽"X证书"涉及的领域，形成规模效应。

（三）理顺课证融通制度，逐步完善"1＋X证书"的配套制度体系

高职院校要将职业技能等级考试的内容与日常课程内容有机融合，让学生在日常学习中就能够轻松掌握相关的知识和提升自身的实践能力。因此，高职院校必须理顺课证融通的制度，不仅要将职业技能证书的要求融入人才培养方案中，还要按照职业技能标准和课程目标打造课程体系，促进日常教学标准与行业企业标准的融合。教师在制订教学计划时，要考虑学生考取"X证书"的时间，将考证融入具体的教学计划中，帮助学生提高考证通过率。高职院校还要逐步完善与"1＋X证书"配套的制度体系，不仅要为"1＋X证书"制度划拨专项资金，还要完善与此相关的硬件设施，并建立相应的激励机制，鼓励教师和学生考取更多的"X证书"。除此之外，要强化对学生的引导工作，防止学生无计划地进行考证。每个学生要结合自己的基本情况和未来的职业发展方向选择相应的"X证书"。对于学生考证的正向引导，不仅可以帮助学生顺利实现就业，还可以拓展学生的就业方向，提升学生自主创业的能力和创新能力，帮助学生实现全面发展。

总之，实施"1＋X证书"制度对于高职院校来说，既是机遇又是挑战。一方面，高职院校可以通过这次机会，提升教育质量，改革教学方法，实现内涵化发展，另一方面，高职院校在实施"1＋X证书"制度时会遇到很多困难，这也是对高职院校的挑战。总之，高职院校在实施"1＋X证书"制度时，要从学校长远发展和人才培养出发，建设更加完善的保障体系，尽快落实"1＋X证书"制度。

第七节 "1＋X证书"制度下高职院校"课证融通"专业课程体系开发路径

课证融通是"1＋X证书"制度实施的内在要求。高职院校加强"课证融通"专业课程体系开发，是落实高职学历教育与职业培训并举的法定职责，是全面提升人才培养质量、深化产教融合的重要手段。高职院校在"课证融通"专业课程体系开发过程中，要抓住以下关键点：一是做实前期调研论证，把握专业课程开发要点；二是突出校企协同育人导向，纳入多元开发主体；三是突显职业教育类型特征，建立课程新标准；四是坚持理实一体，整合专业课程内容；五是厘定专业教学目标，重塑专业课程整体结构。根据"1＋X证书"制度的实施方向，高

职院校可以通过建立校企协同开发工作机制、保持动态开放的课程开发过程管理、打造线上线下相融合的新型专业课程体系、深化"三教"改革、强化课程开发监督评价等多个方面，探索"课证融通"专业课程体系的开发路径。

课证融通是指课程的设置与职业考证相对应，课程教材和教学内容与考证内容相一致，通过课程学习，学生能直接参加相关职业证书的考试。近年来，"课证融通"成为我国职业教育打破学历教育与职业培训体制"壁垒"的重要突破口，越来越多的高职院校通过探索实施以"课证融通"为导向的专业课程体系建设模式和教学模式，增强高素质技术技能人才培养的适应性，强化高职教育支撑经济社会发展的职能。《国家职业教育改革实施方案》（以下简称《方案》）提出启动"1＋X证书"制度试点工作，丰富了职业教育"课证融通"的内涵，将原来与"课"融通的"证"由职业资格证书扩展到职业技能等级证书，推动了职业院校学历教育与职业培训的进一步融合。在"1＋X证书"制度实施背景下，高职院校如何把握和运用新时期职业教育改革的新理念、新方法，推进"课证融通"的专业课程体系开发工作，无疑是一个亟须研究和解决的课题。

一、"1＋X证书"制度下高职"课证融通"专业课程体系开发的价值

（一）"课证融通"是落实高职学历教育与职业培训并举的法定职责

学历教育与职业培训并举是中国特色职业教育的基本特征，也是建设知识型、技能型、创新型劳动者和人才队伍的重要方略。过去的很长一段时期，我国职业教育在办学和育人过程中未能充分彰显职业教育的类型特征，长于学历教育而短于职业培训，在一定程度上造成我国技术技能人才培养难以适应社会经济发展需求。《方案》的颁布，标志着我国在国家政策层面确立了职业教育作为类型教育的基本定位，明确了职业教育须落实学历教育与培训并举的法定职责，而"1＋X证书"制度就是突显职业教育类型特征的专项制度安排。"1＋X证书"制度下，高职院校开发"课证融通"的专业课程体系，对于落实高职学历教育与职业培训并举的职责有着非常重大的意义。

高职院校开发"课证融通"的专业课程体系，有利于构建适于实施学历教育与职业培训并举的教学体系，可以有效充实校内的职业培训教学资源。我国职业教育课程建设中一直存在重理论、轻实践的倾向，主要表现在专业课程体系中的实践性课程和课时比重过低。新时期高职院校开发"课证融通"的专业课程体系，就是从课程结构、课程内容、课程教学等各个方面纳入职业技能等级证书的考核标准和内容，使"X证书"专业课程考核的环节延伸至日常课程教学过程

中，从而推动职业技能培训全面进入职业院校的专业课程教学体系中，达到学历教育与职业培训并举的目的。高职院校落实学历教育与职业培训并举的职责，除了要转变办学和育人观念，深化教学体系改革之外，还需要建设质优量足的职业培训教学资源。然而，职业培训教学资源不足，是当前制约高职院校全面开展职业培训的关键因素。新时期高职院校开发"课证融通"的专业课程体系，是从教育资源建设的源头发力，通过重新规划和设计专业课程，推动学历教育教学资源与职业培训教学资源同步建设，从根本上解决职业培训教学资源缺失的问题。因而，从某种意义上来说，高职院校开发"课证融通"的专业课程体系，是落实高职学历教育与职业培训并举的治本之策。

（二）全面提升高职教育人才培养质量

近年来，随着我国经济由高速增长阶段向高质量发展阶段转变，加快推进职业教育高质量发展，已成为新时期职业教育建设发展的重大任务。"1＋X证书"制度是新时期党中央、国务院为夯实职校学生的可持续发展基础，拓展职校学生的就业创业本领而做出的制度性安排，对于推进职业教育高质量发展发挥着积极的作用。"1＋X证书"制度下，高职院校开发"课证融通"的专业课程体系，根本目的就在于全面提升技术技能人才培养质量，实现高职教育的高质量发展。

高职院校开发"课证融通"的专业课程体系，能够提高学生的综合职业能力，促进学生掌握新技术、新工艺、新规范。"职业技能等级证书是职业技能水平的凭证，反映了职业活动和个人职业生涯发展所需要的综合能力。"高职院校实施"课证融通"的专业课程体系，把职业技能等级证书的考核纳入人才培养过程，尤其是把相关证书的考核内容纳入专业课程体系，不仅会"倒逼"专业课程教师更加注重职业能力教育，大力开发职业技能培训的教学内容和教学模式，也会激励学生群体关注职业岗位的技能需求，积极主动地学习相关职业技能，考取职业技能等级证书，增强解决实际问题的能力。这样从"教"与"学"两个层面，"课证融通"促进了职业培训进课堂，能够显著增强高职院校学生的综合职业能力，提升高素质技术技能人才培养质量。同时，职业技能等级证书是由人社部门（含其他部委）备案的第三方评价机构，依据职业技能标准或评价规范，结合实际确定评价内容和评价方式，综合运用理论知识考试、技能操作考核、工作业绩评审、过程考核等方式对人才进行评价，并对考核合格者颁发的证书。与社会生产和服务工作紧密联系，切实反映相应工作岗位的技能需求，是职业技能等级证书考核的重要特点。高职院校开发"课证融通"的专业课程体系，将职业技能等级标准与专业课程教学标准、培训内容与专业课程教学内容、技能考核与课程考试统筹评价，能够有效促进高职院校及时将新技术、新工艺、新规范、新要求融入人才培养过程，从而帮助学生掌握产业生产实践中应用的新技术、新工艺、新规范，促进人才培养质量提升。

（三）有效深化高职教育产教融合

近年来，随着《方案》的逐步落实，我国高职教育专业设置与产业需求对接、课程内容与职业标准对接、教学过程与生产过程对接的"三个对接"成效显著，高职教育产教融合向纵深推进。"1＋X证书"制度作为《方案》中的重要落实任务和举措，为企业、社会、行业协会与学校合作办学、创新育人模式注入新的内涵，也为职业教育教学体系注入新的活力。高职院校开发"课证融通"的专业课程体系，是"1＋X证书"制度在高职教育专业课程建设工作中的体现，有利于全面深化产教融合。

高职院校开发"课证融通"的专业课程体系，有利于完善校企"双元"育人机制，促进校企共同体的构建。校企"双元"育人是高职产教融合的重要体现。构建校企"双元"育人的教学体系，高职院校需要在专业课程教学过程中融入企业岗位的工作内容和技术技能，通过开发"课证融通"的专业课程体系，一体规划职业技能培训与专业课程教学，能够让学生更快、更好地掌握胜任企业岗位工作任务的职业能力，提高学生应用专业知识解决实际问题的能力，这也为高职院校与企业共建"双元"育人机制、提高"双元"育人成效奠定了坚实的内在基础。校企共同体是在校企高度融合的基础上形成的利益共同体，是深化高职教育产教融合的新范式。构建校企共同体，关键在于校企之间教育资源、人才资源、信息资源的互通、互换和共享，而高职院校开发"课证融通"的专业课程体系，正是校企之间实现各类资源整合的有效途径。一方面，高职院校开发"课证融通"的专业课程体系，需要行业企业的技术专家参与到人才培养方案制订和教学实践过程中，从而借助专业课程的开发与教学，为实现校企之间技术资源、教育资源的整合创造机会和条件；另一方面，高职院校开发"课证融通"的专业课程体系，目的是提高学生的综合职业能力，使之能更好地适应行业企业的发展要求和用人需求，这正是行业企业参与举办职业教育的目的之一，由此促进校企发展利益一致化，深化校企合作关系。

二、"1＋X证书"制度下高职"课证融通"专业课程体系开发的关键

（一）做实前期调研论证，把握专业课程开发要点

高职教育是培养高素质技术技能人才的教育类型，其人才培养的高层次性和

专门性决定了高职院校专业课程体系应具备高标准和高水平。"1＋X证书"制度下高职"课证融通"专业课程体系开发，是新时期我国高职教育在类型教育的新定位下探索新课程开发新模式的过程。因此，高职院校应高度重视课程体系开发的前期调研论证工作，把握好专业课程开发的要点，确保后续各项开发工作高效有序推进。

第一，做实前期调研论证。前期调研论证是高职教育专业课程体系开发的基石。高职教育作为职业教育的高级阶段，更需要紧盯产业发展的前沿，依据行业和市场对高端技术技能人才的现实需求规划课程。因此，高职院校必须做实前期调研论证，为课程结构设计、课程门类设置、课程内容规划等提供依据。高职院校应根据专业课程开发的内涵、规格和导向，科学制订课程开发前期调研论证工作流程和方案，明确调研的内容、方法和步骤，扎实做好各项调研工作，对区域行业、企业的人才需求标准进行细致收集和分析。在做好调研工作的基础上，高职院校应组织专家学者、行业资深人士针对调研收集的信息和数据，严密论证专业课程的结构和内容，完善"课程融通"课程体系建设的总体框架。

第二，把握专业课程开发要点。高职院校开发"课证融通"的专业课程体系，核心在于通过完善专业课程的结构、内容和教学过程，推动和促进"课"与"证"的相互融合，构建集专业知识教育与职业技能培养于一体的人才培养体系。由此可知，高职"课证融通"专业课程体系开发，核心要点就在于一体规划专业知识教育与职业技能培训，具体来讲，又分为三个次级要点：一是在课程结构规划上，要确保实践性课程占有较大比重，重视职业技能的学习与实训；二是在课程内容开发上，要注重理论知识与实践知识的有机融合、相辅相成；三是在课程教学方案的设计上，要注重理论知识教学与职业技能培训的统筹安排、同步实施，在教学实践层面落实好"课证融通"的理念和要求。

（二）突出校企协同育人导向，纳入多元开发主体

高职教育"课证融通"是一种产教融合下的人才培养形式，发挥行业企业的育人主体作用是"课证融通"落实的关键。高职院校开发"课证融通"的专业课程体系，需要突出校企协同育人导向，不断丰富和拓展高职教育专业课程开发建设的内涵。在我国现行的职业资历框架内，行业企业是负责职业技能等级的鉴定考核与证书颁发的重要参与主体，因此，高职院校要将职业技能等级证书融入课程体系建设，强化行业企业的参与是必要条件，也是逻辑必然。对此，高职院校开发"课证融通"的专业课程体系，要在课程目标、课程标准、课程结构、课程内容中突出校企协同育人的理念，高职专业课程开发工作机制也应围绕校企协同

育人这一基点来进行构建，在课程开发与专业教学中充分发挥企业的育人主体作用；在专业课程教学过程中，应建立企业深度参与的教学模式，校企共同开展人才培养活动，把校企协同育人的理念和原则落到实处。

除此之外，高职院校加强"课证融通"的专业课程体系建设，还要纳入多元开发主体。传统的高职院校专业课程体系开发，通常是由校内的专家组独立完成，院校自身是课程开发的主要甚至是唯一主体，这是造成过去高职教育专业教学体系与产业发展实际、市场真实需求脱节的重要原因。新时期高职院校开发"课证融通"的专业课程体系，根本目的正是促进高职教育专业教学体系与产业发展实际、市场真实需求对接，以更好发挥高职教育支撑经济社会发展的功能。因此，高职教育开发"课证融通"的专业课程体系，除了应联合企业共同开发专业课程之外，还应当包括行业组织、第三方教育评价机构、大师名匠在内的多元社会主体，其中部分是与职业技能等级证书的开发、考核直接相关的主体，部分则是与高职院校人才培养需求相关的主体，通过纳入多元社会主体共同开发专业课程体系，能够有效保障"课"与"证"无缝衔接，深度融合。

（三）突显职业教育类型特征，建立课程新标准

"课证融通"的实质是将职业培训融入专业课程教学，要求理论教育与实践教育相统一，这也是职业教育类型特征的重要体现。高职院校开发"课证融通"的专业课程体系，应突出高职教育类型特征的根本点，建立区别于传统专业课程标准的新标准，完善高职新专业课程体系建设的底层逻辑。一方面，高职院校要对接行业职业岗位，完善专业课程设置。专业课程设置决定了高职专业课程体系的结构，是高职院校专业课程体系开发和建设的基础。职业技能等级证书体现了职业岗位的技能需求，是行业职业岗位标准的直接反映。高职院校"课证融通"要建立新的专业课程标准，首先需要对接行业职业岗位，完善专业课程设置，使课程标准与职业岗位标准相匹配。高职院校应全面详实地了解各专业对应岗位的具体工作任务和内容，清晰界定职业岗位所需的能力，以此作为课程设置的基本依据。针对行业职业岗位所需能力结构的不同，高职院校应合理设置专业基础课程、专业核心课程，确保专业基础课程涵盖行业职业岗位所需的基本胜任能力，专业核心课程涵盖行业职业岗位所需的主要技术技能。另一方面，高职院校还要瞄准行业发展需求，明确专业课程教学的性质、目标和任务。面向区域产业、行业发展办学，是职业教育的根本特征。高职院校开发"课证融通"的专业课程体系，将职业技能等级证书的考核标准和内容融入专业课程教学体系，同样是为了满足行业企业的用人需求。因此，高职院校建立与"课证融通"相适应的新课程

标准，应瞄准行业发展需求，明确专业课程教学的性质、目标和任务。在实践操作层面，高职院校应进行详尽的行业、产业调研和市场需求调研，厘清区域行业和市场的真实人才需求、技能需求，再辅之以校企协同开发专业课程体系的工作机制，将行业发展需求充分融入专业课程开发过程。

（四）坚持理实一体，整合专业课程内容

理实一体是职业教育教学的重要特征。高职院校开发"课证融通"的专业课程体系，加强专业课程内容建设，应坚持理实一体原则。一是要突出专业课程内容的实践性。理论与实践有机统一是理实一体化教学的基本要求，其体现在高职院校专业课程内容上，就表现为专业知识理论教育与专业实践教育的相互融合、相互支撑。高职院校需要在专业课程设计中突出实践性教学内容，尤其是要增加实践性教学内容在各门专业课程中的比重，课程知识安排要注重理论知识与实践知识的配合，理论知识以够用为原则，充分安排实践性教学内容。在实践性教学内容的安排上，应采取由易到难、由简到繁的原则，与专业理论知识教学统筹规划，同步推进，摒弃在学生毕业前集中进行实践性教学的传统做法。二是要突出专业课程内容的操作性。高职教育实施"课证融通"，要义是促进专业教育与职业培训相融合，而高职院校开展职业培训的目的，就是要让学生掌握实践操作技能，因而在突出课程内容实践性的基础上，还应注重课程内容的操作性，把"做"作为专业课程内容的根本，使"学中做，做中学"成为高职专业课程体系的鲜明特色。高职专业课程开发中突出课程内容的操作性，关键在于提高学生对知识形成过程的参与度，避免出现学生在学习过程中以观察和理论分析为主的现象。三是突出专业课程内容的融合性。理论知识与实践知识都是高素质技术技能人才知识结构中不可或缺的重要部分，促进专业理论知识与实践知识融合，是理实一体教学要求的基本体现。高职院校开发"课证融通"的专业课程体系，应在突出专业课程内容的实践性和操作性的基础上，着力促进专业理论知识与实践知识的融合。专业课程内容的呈现，应围绕职业岗位的具体工作任务进行编排，通过课程内容构建创设出问题情境、工作情境，促使学生在学习过程中充分吸收。

（五）厘定专业教学目标，重塑专业课程整体结构

教学目标是教学的前提，引导和支配着整个教学过程，在教学活动中居于核心地位。高职院校开发"课证融通"的专业课程体系，厘定专业教学目标，明确课程开发和建设的方向，是不可或缺的环节。专业教学目标，从属于院校的办学定位和人才培养目标，高职院校厘定专业教学目标，须在明确办学定位和人才培养目标的前提下，依据专业对应行业职业岗位的能力需求，确定各专业的人才培

养规格，进而规划制订各专业教学目标。概括来讲，高职院校人才培养，归根结底强调的就是"能力"二字，因而基于"课证融通"的专业教学，也必须确立"能力本位"的教学目标。行业职业岗位的胜任能力，通常由知识与技能、过程与方法、情感态度三个维度构成，高职院校厘定专业教学目标，也应围绕上述三方面能力的养成分别设定知识与技能教学目标、过程与方法教学目标以及情感态度教学目标，依此三维教学目标来明确专业课程的开发和建设方向，重塑专业课程整体结构，制订专业课程教学内容。

根据新厘定的专业教学目标，重塑专业课程整体结构，则是开发"课证融通"的专业课程体系需要遵循的重要逻辑。专业课程结构是人才培养的重要影响因素，决定着高职院校的人才培养规格和质量。高职院校开发"课证融通"的专业课程体系，建立新的课程教学目标、标准和内容，必然需要建立与之相应的专业课程结构。"课证融通"的核心在于专业教育与职业培训的融合，以此为依据重塑专业课程结构，要突出两个重点：一是要进一步提高实践教育课时在专业课程体系中的比重。实践教学模块至少应占到专业课程体系的50%以上，使学生在学校就学期间能够掌握到扎实的职业技能，毕业时有能力获得中等层次的职业技能等级证书。二是要增强专业课程结构的前瞻性和灵活性。职业技能等级证书的考核标准和内容结构都会随着行业、产业的发展而产生变化，高职院校开发专业课程体系时，要在课程框架结构上留有一定的调整余地，及时根据产业生产实践与市场人才需求的变化调整课程结构，使之贴近产业生产、行业发展。

三、"1＋X证书"制度下高职"课证融通"专业课程体系开发的路径

（一）强化校企"双元"育人，建立校企协同开发工作机制

对于高职教育"1＋X证书"制度的实施，企业是重要参与主体。"1＋X证书"制度下高职院校开发"课证融通"的专业课程体系，必须强化校企"双元"育人，建立校企协同开发高职专业课程体系的工作机制。

第一，要建立校企人才共享与流动机制。校企协同开发高职专业课程，需要双方的师资力量来落实，在学校一方是学者教师，在企业一方是技术专家。建立校企协同开发高职专业课程体系的工作机制，首先须建立校企人才共享与流动机制。就学校而言，高职院校要改革创新人事管理制度，主导校企人才共享与流动机制建设，一方面要建立在职专家、学科带头人、一线专业教师入企锻炼、培养的常态化制度，另一方面要建立企业高级技术人员、技术专家入校兼职的聘用制度，鼓励专业教师成为企业培训讲师，吸纳企业能工巧匠成为兼职教师，推进教

师与企业人员相互交流、互派互聘。就企业而言，行业企业要积极履行参与举办职业教育的社会责任，按照校企人才共享与流动的实践要求改革创新人事管理制度，增强人事管理制度的灵活性，为校企人才共享与流动创造良好的制度环境和管理氛围。

第二，建立校企协同开发专业课程的工作机制。高职院校与合作企业应共同建立专业建设委员会，并下设专业课程开发小组，以专业建设目标和专业人才培养目标为指引，建立校企协同开发专业课程的工作机制。专业课程开发小组应由相关专业的学科带头人、骨干教师与企业技术专家共同组建，负责制订课程标准、课程教学目标，编制授课计划与考核标准，以及编写课程教学内容。在课程开发的过程中，课程开发小组要建立研讨例会制度，定期讨论课程开发中遇到的各类问题，校企双方都应为研讨例会的顺利召开提供便利支持，为专业课程开发提供技术和标准保障。

（二）保持动态开放的课程开发过程管理，确保课程内容与工作实际紧密衔接

随着行业产业的发展、生产技术工艺的更新，行业企业对高素质技术技能人才的能力素质需求也在不断变化，与之密切相关的高职院校专业课程也必须调整。对此，"1＋X证书"制度下高职院校"课证融通"专业课程体系开发，应保持动态开放的课程开发过程管理，建立专业课程开发过程动态管理机制，确保课程内容与工作实际紧密衔接。

第一，建立专业课程教学成果信息反馈制度。高职院校专业课程开发的动态调整与管理，需要以真实有效的应用成果与信息反馈作为依据，因而要建立专业课程教学成果信息反馈制度。高职院校应以学期、学年为单位，以专业教师、企业实训导师、企业兼职教师等一线教学工作者为主体，阶段化、系统化总结每一门专业课程的教学成果和成效，如每一学期学年结束后，各门专业课程教学过程中学生的能力素质提升情况，师生、企业对专业课程教学结果的反馈等，形成书面报告，作为专业课程开发动态调整与管理的依据。

第二，建立专业课程调整定期调研制度。定期调研是高职院校实现专业课程开发动态管理科学化的重要保证，可以帮助高职院校教学管理者及时掌握行业产业发展的动态和就业市场需求的变化，从而对专业课程体系进行正确调整。高职院校专业建设委员会应设计专业课程调整定期调研制度的具体内容、流程办法，抽调有经验的在职专业教师与企业技术人员联合定期开展行业发展、企业生产实际、就业市场需求的调研工作，准确掌握行业、产业、市场的前沿动态，为专业课程体系的科学调整提供第一手资料和信息。

第三，建立专业课程动态调整评估制度。高职院校专业课程体系开发过程的动态管理，最终需要通过建立专业课程动态调整制度来落实和保障。高职院校在做好专业课程教学成果信息反馈制度和定期调研制度建设的基础上，还要建立专业课程动态调整评估制度。高职院校要根据师生和企业的反馈，依据行业、产业、市场的变化，定期对专业课程的内容和结构进行评估，如评估发现专业课程体系有需要调整的地方，就应及时申报立项，进入课程体系调整工作流程。

（三）充分利用现代信息技术，打造线上线下相融合的新型专业课程体系

现代信息技术的快速发展和广泛应用重塑着职业教育教学的模式和形态。新的时代条件下，高职院校开发"课证融通"的专业课程体系，需要充分吸收和利用现代信息技术，打造线上线下相融合的新型专业课程体系，提高师生的信息化素养。

第一，建立数字化专业课程教学资源平台。数字化专业课程教学资源建设是实现信息化教学的关键，也是打造线上线下相融合的新型专业课程体系的重要环节。高职院校可以与合作企业采用共建共享的形式，打造数字化专业课程教学资源平台，把标准化、规范化的专业课程教学内容整合成为在线教学资源库，融资源库、精品课程、在线学习、课题展示、名师工作室等为一体，丰富院校师生"教"与"学"的形式和途径，突破师生教学的客观条件束缚，最大限度地延伸"教"与"学"的时空。

第二，建立专业课程数字图书馆。高职教育专业课程教学离不开专业教材和专业文献，建立专业课程数字图书馆，对于建立以教学资源共享为特征的信息化专业课程体系具有不可替代的意义。高职院校应在信息化建设过程中，加大资金资源倾斜力度，加强与普通高等院校、兄弟院校、科研院所、行业企业的数字化教学资源共建共享合作，大力开展专业纸质文献的数字化建设工作，积极建设可以满足教师备课、教学、科研需求以及学生学习需求的期刊数据库平台、在线学习平台等。

第三，建立虚拟仿真实训平台。"1＋X证书"制度下高职院校开发"课证融通"的专业课程体系，本身就包含了强化实践教学力度的要求。高职院校要在专业课程教学过程中强化学生的实践能力、操作能力，就需要把建立虚拟仿真实训平台纳入信息化建设工作中。高职院校应依据各类专业课程的实践教学需要，建设设施齐全、功能完备的虚拟仿真实训平台，依托虚拟仿真实训平台，模拟真实工作情境，强化学生技术技能实操的训练，提高学生分析和解决问题的能力。

（四）深化高职"三教"改革，加强专业课程体系与教学过程的联动

高职"三教"改革是在新理念下的教学体系综合改革，"1＋X证书"制度的实施既是高职"三教"改革的重要组成部分，又是高职院校落实"三教"改革的重要抓手。"1＋X证书"制度下高职院校"课证融通"专业课程体系开发，应与"三教"改革同步推进，加强专业课程体系与教学过程的联动，全面推动高职教育教学体系综合改革走向深化。

第一，深化教师改革，着力培养"双师型"教师队伍。高职教育实施"1＋X证书"制度与"课证融通"，都需要高职院校教师群体具备较强的职业培训能力。高职院校开发"课证融通"的专业课程体系，须重视教师队伍改革，着力培养"双师型"教师队伍。首先，高职院校深化教师培养制度改革，积极邀请行业专家、大师名匠入校指导教师培养工作，协助学校培训教师，加强在职教师再教育。其次，高职院校要在加强校企合作的基础上，鼓励一线教师入企实训，挂职锻炼，参与社会服务，在实践中提升技术技能。

第二，深化教材改革，编制与"课证融通"相适应的教材体系。教材建设是高职专业课程体系开发中的一项重要工作，高职院校开发"课证融通"的课程体系，需要编制与"课证融通"相适应的教材体系。对此，高职院校要创新教材建设理念，改革教材建设机制，与行业企业共同开发教材，切实把职业技能等级证书考核内容融入教材，增强教材内容与产业生产实践的贴合度。同时，高职院校还要丰富教材呈现形式，大力开发网络课程教材、数字化教材、活页式教材、工作手册式教材等，充分反映最新科技成果，促进专业课程教学形式多样化、现代化。

第三，深化教法改革，推动课证互嵌共生、互动共长。"怎么教"是实现高质量教学的关键，也是高职院校实施"课证融通"的落脚点，而其核心则是深化课程教学模式改革。高职院校首先要以工学结合、理实一体的理念创新课堂教学模式，统筹组织专业理论教学与专业实践教学，促进第一课堂与第二课堂的深度融合；其次要充分利用信息技术手段开展教学，积极研究探索翻转课堂、项目式教学、情景式教学等有利于理论教学与实践教学相融合的教学方法，将学生的学习变得更加主动，提升"课证融通"式教学的质量和成效。

（五）强化课程开发监督评价，完善高职专业课程开发质量保障制度

"1＋X证书"制度下高职院校开发"课证融通"的专业课程体系，是高职教育产教融合、校企合作在专业课程建设上的具体体现，彰显了高职教育多元办学和育人的趋势。校企联合开发高职专业课程体系，增加了高职教育教学体系的复

杂性，也增加了整个教学过程的不确定因素，因而特别需要强化课程开发的监督评价，完善高职专业课程开发质量保障制度。

第一，加强专业课程开发过程监督。与传统专业课程开发过程相比，高职院校开发"课证融通"的专业课程体系环节更多，流程也更加复杂，为了保证课程开发质量，需要加强对专业课程开发过程的监督。高职院校专业建设委员会作为专业课程开发小组的领导机构，需要肩负起监督专业课程体系开发过程的职责，围绕高职院校专业课程开发小组进行前期调研、课程标准与目标制订、课程结构调整、课程内容整合、教材开发等各个环节，要切实做好监督工作，抽查审核书面文件，加强各门专业课程开发过程的质量管理。

第二，加强专业课程体系评价。高职院校在各专业课程开发小组形成阶段性工作成果后，应及时邀请或组织行业资深人士、企业技术专家、业界学者、学校师生等主体对课程结构、课程内容等进行评价，收集各方的评价意见。同时，高职院校还可以邀请兄弟院校、第三方教育评价组织等主体对本校专业课程体系进行评价，积极采纳各方的建议和意见，调整优化专业课程体系。在专业课程的教学实施过程中，专业建设委员会应做好阶段性的回顾总结工作，及时进行专业课程教学成效评价，用"回头看"的方式总结专业课程开发的经验和教训，推动专业课程开发质量提升。

第三，完善专业课程开发质量保障制度。高职院校完善专业课程开发质量保障制度，有利于及时发现和淘汰低质量课程，建设高质量、精品性的专业课程，对于提高专业教学质量有重要意义。高职院校一方面要建立专业课程开发的资源保障制度，抽调校内教学和科研队伍中的"精兵强将"参与专业课程开发，给予专业课程开发小组充裕的资金、资源和客观条件支持，为各门专业课程开发工作奠定物质基础。另一方面要建立专业课程开发奖优罚劣制度，在专业课程开发完成后，对于行业企业及师生反馈不佳的课程，要及时查找原因，总结教训，追究责任，对于教学成效显著，行业企业及师生反馈良好的精品课程，要及时总结经验，给予有贡献的课程开发人员物质和精神方面的奖励，通过完善的奖惩制度，全面提升专业课程开发质量。

实践篇 东莞职业技术学院实践育人新景观

第四章 "政校行企协同，学产服用一体"
——省示范校建设成效

一、项目建设概况

本项目是以搭建政校行企协同育人平台为主体，通过建设政校行企协同创新平台管理体制及运行机制，构建政府主导、学校主体、行业指导、企业参与的政校行企协同创新育人模式。目前，学校组建了三个层面的政校行企协同管理机构，校企合作机制体制有了新的突破，建立了以"双重目标为导向"的协同创新育人机制，初步形成了具有一定示范作用的"政校行企协同，学产服用一体"育人模式。经过五年的建设，学校的育人模式受到各级领导的关注和赞誉，《"政校行企协同、学产服用一体"育人模式的探索与实践》获 2018 年职业教育国家级教学成果二等奖、2017 年广东省第八届教学成果一等奖。在建设期间，前来考察的省厅级以上领导及专家超过 30 人，其中教育部的领导多次来学校考察。2013 年 11 月，教育部前副部长鲁昕带队考察学校，对学校的校企一体、工学结合人才培养模式表示高度认可，认为学校产教融合、校企合作的做法值得借鉴。2014 年 7 月，学校贺定修校长及两家校企合作单位代表受邀参加"职业院校和企业学习贯彻落实全国职教会精神座谈会"，并在会上汇报学校产教融合和校企合作等方面的经验。2018 年 6 月，教育部职业教育与成人教育司副司长谢俐一行到学校考察调研产教融合工作。在"2018 广州日报高职高专排行榜 TOP1000"

中，学校位列全国第 160 位，在"2018 广州日报高职高专排行榜——教育竞争力 TOP100"中，学校位列全国第 27 位。

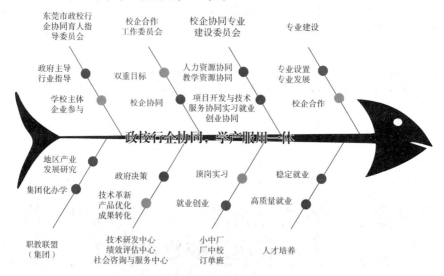

图 4-1："政校行企协同，学产服用一体"办学模式逻辑关系图

二、办学体制机制创新实践成效

（一）初步建成"政校行企"协同创新平台管理体制

1. 以"政府主导、学校主体、行业指导、企业参与"为抓手，建立"政校行企协同，学产服用一体"办学机制，实现四方联动合作办学。在建设期间，学校联合东莞大朗、虎门省级服装产业集群示范区，东莞望牛墩省级印刷重镇，东莞长安、虎门、寮步、横沥等四个省级电气机械及设备制造产业集群升级示范区，东莞石龙、石碣、清溪、虎门等四个市级信息化应用及产业升级示范区，以及东莞市机器人产业协会等30多个行业协会，对接华为、华中数控等知名企业，搭建了"政府主导、学校主体、行业指导、企业参与"的政校行企协同创新平台三层组织构架，构建了以三层组织架构为主的办学体制机制。于 2013 年 6 月学校牵头成立东莞市纺织服装职教集团，2014 年 6 月牵头成立东莞市政校行企协同育人指导委员会、东莞市印刷职教联盟、东莞市机电职教联盟、东莞市现代商贸服务职教联盟和东莞市电子信息职教联盟，先后制订了指导委员会和五个职教联盟（集团）章程，拟定了《职教联盟标准化工作条例》等四套管理制度文件。

针对管理层面运行体制机制的建设工作，学校多次召开政校行企协同创新平台建设方案论证会，研究讨论平台管理体制机制的顶层设计问题，从宏观、中观、微观三个层面形成了以政府主导、行业服务、校企共长的管理协同机制。在宏观层面解决平台顶层管理的设计问题，东莞市职业教育政校行企协同育人指导委员会发挥政府的主导作用，旨在加强校企合作办学的规划和政策措施的权威性，进一步实现四方联动合作办学，推进学校内涵式建设水平和企业发展活力双提升。在中观层面发挥行业企业的指导作用，职教集团（联盟）统筹协调职业院校与企业的联系，共同开展产教学研合作和人才培养改革工作，解决合作过程中的重点困难和问题，有效平衡政校行企四方利益诉求，整合各方资源。在微观层面，强调学校的主体作用和企业的关键作用，校内建设校企协同专业建设委员会，负责落实"行企校"人才共育工作运行、实训基地共建共享、就业及社会服务运行管理、多元化的资金使用保障等机制的措施，提升专业服务产业及社会的综合实力。

在五年的示范建设期内，"政校行企"协同创新平台管理体制有效平衡了政校行企四方利益诉求，整合各方资源，开展政校行企协同办学的顶层设计，开展人才培养模式改革，输送适应东莞市五大支柱产业和四大特色产业发展的高素质技能型人才。

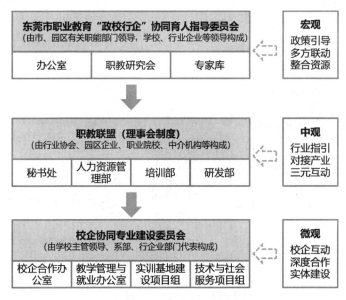

图4-2："宏观、中观、微观"三层管理架构图

2. 以五个共同为抓手，建立利益分享协同机制，实现双重利益目标。建设期间，学校关注校企双方双重发展目标，开展高职院校"政校行企"机制体制现状调研以及印刷、机电、现代商贸等多个行业合作需求调研，定期围绕不同的项

目组织各类利益分享的研讨会议，如职教联盟工作会议、现代学徒制工作会议、师资队伍建设会议等，有目的地解决校企协同合作之间存在的利益冲突问题。学校制订《东莞职业技术学院关于现代学徒制试点运行规程》《校企合作办学效益的分配规定（试行）》《校企合作项目管理办法》等管理方法，明晰学校在人才培养、师资队伍建设、实训基地建设、课程建设方面的诉求，以及企业在人才需求、员工培养、技术创新方面的需要，使校企双方利益诉求无缝衔接，激发企业深度参与学院人才培养的积极性。推动混合所有制办学，开展多主体合作办学，学校于 2015 年 12 月联合东莞市住建局下设的东莞市建筑科学研究所、东莞市建设工程检测中心两家国企和东莞市万科房地产股份有限公司等两家民企，按照混合所有制模式共同建设"东莞职业技术学院建筑学院"，构建"专业共建、课程共担、教材共编、师资共训、基地共享、人才共育"的校企合作人才培养体系。在建筑学院的基础上，建筑学院的园林专业于 2018 年 1 月与岭南园林股份有限公司合作建设"岭南园林学院"，成为东莞市首个培养园林行业专业技术人才的产学研合作产业学院。

经过五年的建设，学校已与 30 多家行业协会商会、490 多家企业建立了合作关系，通过校企合作建设培训学院、订单班和现代学徒制等方式，实现校企合作利益共享。学校已被列为 2018 年教育部现代学徒制试点拟推荐单位，初步形成了具有东莞高职特色的校企合作办学格局。

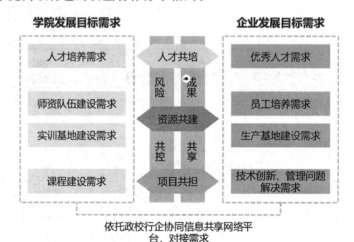

图 4 - 3：利益共享协同机制关系体现图

3. 以互聘共培为抓手，创新人力资源协同机制，实现校企人员互兼互派。在建设期内，学校建立校企人员互兼互派和校企技术专家互聘共培等管理机制，建设有利于学校教师到企业实践锻炼学习和企业人员进入学校承担专业实践教学及项目合作的绿色通道；以"校企合作"为平台，开展校企人员互兼互派相关研究，加强兼职教师队伍的建设，制订专任教师下企业实践实施方案和计划，强化教师的实践教学锻炼；成立"教师发展中心"，制订校企兼职教师培训工作实施方案，设立兼职教师教育培训基金，建立校企人员互聘共培的工作机制，制订《东莞职业技术学院兼职教师管理办法》《校企专业人员互兼互派管理办法》《东莞职业技术学院教师下企业和社会实践管理办法》《东莞职业技术学院"双师"素质教师队伍建设实施办法》《东莞职业技术学院校企技术专家双薪双向互聘管理办法》等，吸引企业人员参与教学，鼓励教师到企业进行锻炼，参与行业企业的技术项目研究，提高双师教师队伍的水平和素质。

经过五年的建设，通过人力资源协同机制的运行，学校搭建了人才"双向互聘""互聘共培"的工作平台，"双师素质"教师占比为80.41%。

4. 以互惠互利为抓手，建立项目开发和技术服务体系，提升社会服务能力。在建设期内，学校建立项目合作支持机制和"风险共担、成果共享"激励机制，完善教师开展技术研发与服务的长效机制，修订和出台《东莞职业技术学院科研成果管理办法》《东莞职业技术学院科研与社会服务能力建设实施方案（2018—2020年）》等15项科研管理相关的制度文件，覆盖了科研成果、横向项目、校内科研机构、科研创新团队、技能大师工作室、教学院系科研和社会服务年度绩效考核等方面；建立和完善社会服务绩效考核体系，实行二级院系社会服务目标管理考核，将个人社会服务业绩纳入职称晋升、年度考核、评先评优的重要指标；逐步完善科技成果转化利益分配机制，调动教师参与技术研发与服务工作的积极性、主动性和创造性，营造良好的科技服务社会氛围。

经过五年的建设，技术服务工作实现了从"被动"到"主动"、从"单一"到"多元"、从"配合"到"融合"、从"协助"到"协同"的转型，实现了学校社会服务工作的顶层设计和统筹管理水平显著提高。

5. 以就业导向为抓手，建立实时监控的实习就业与创业协同机制，实现高质量实习和就业。在建设期间，学校把加强顶岗实习管理作为人才培养的重要工作来抓，建立校企协同的实习管理机制，明确"学校—院系—专业"三级职责，建立由"教务处、校企合作与就业指导中心统筹，院系主抓，专业落实"三级联动的内部管理机制；完善实习管理体系制度设计，制订《关于全面加强实习管理的实施方案》《实习管理规定》和《专业顶岗实习标准》等制度，强化实践教学的管理，把认识实习、跟岗实习、顶岗实习等纳入实践教学体系，开发"乐习在线"实习管理平台,多角色协同教学与管理,实现实习全过程可视可控,达到信息传递实时化、实习监控动态化、统计分析专业化、成绩评定过程化和管理主体多元化。校企共同制订顶岗实习方案,做到"一企一案",逐步形成"常驻与巡查相结合,专职与兼职相结合,校企共管"的顶岗实习管理模式以及"周检、月巡"的考核监控机制;建立校企合作就业率指标体系,制订校企合作顶岗实习率和就业率考核指标、就业激励制度和校企合作工作绩效考核机制,实行校企合作企业定点实习,开展"专业对接企业、团队对接项目、学生对接岗位"的顶岗实习模式,做到毕业设计、顶岗实习、就业创业三者的有机融合;开展创新创业工作,成立中科创新创业学院,制订《东莞职业技术学院创新创业教育改革行动方案》,建设多个校内外创业孵化基地。

在建设期内,学校毕业生平均初次就业率超过98%以上,专业对口率平均在78%以上,在东莞本地企业的就业率稳定保持在79%以上,远高于全国平均水平,为本地企业培养了大批"用得上,留得住"的高素质技术技能人才,对东莞产业转型升级做出一定贡献;毕业就业现状满意度均高于全国平均水平,专业相关度以2—5%的速度增长。学校建设创新创业教育培训体系,毕业生总体创新能力高于全国平均水平4个百分点。

图4-4:学校就业率与广东省高职高专
平均就业率对比图(2014—2018年)

6. 以共享教学资源为抓手,建设教学资源协同机制,实现教学资源开放共享。在建设期内,学校深入开展"政校行企"四方参与、协同共赢的职业教学资源共享机制研究工作,2016年5月牵头成立"东莞优质职业教育资源共建共享联盟",建立教学资源校校协同、校企协同机制,制订《东莞优质职业教育资源共建共享联盟章程》《东莞优质职业教育资源共建共享联盟资源共建共享实施办法》等相关管理制度,实现校企共同研讨备课、研修培训、学术交流、开设公共课等方面的合作。联盟与东莞市内3所中职学校、5家企业签订了《资源共建共享校企合作协议》和《资源共建共享校校合作协议》，聘请 21 位企业人员担任"开放共享型优质职业教育资源库"项目专家。学校开展教学资源知识产权保护机制和激励机制研究，推动教育资源库系统建设和信息资源共享工作，制订了《优质职业教育资源建设与应用保障机制》《优质职业教育资源共建共享实施意见》《"教学资源知识产权保护和激励机制"研究报告》制度文件。

经过五年的建设，学校基本实现教学资源开放共享，开发的教学资源已被深圳市开放职业技术学校、东莞理工学校、广东亚视演艺职业学院和东莞电子科技学校等兄弟院校用于日常教学。借助开展教学资源协同机制工作，学校有两个项目在 2017 年全国职业院校信息化教学大赛中分别荣获一二等奖；2018 年，学校共推荐 20 个作品参加广东省职业院校信息化教学大赛（教学设计、课堂教学），取得了一等奖 11 项、二等奖 4 项，三等奖 3 项共计 18 项的优异成绩，信息化教学设计一等奖获奖数量列全省职业院校第一，总获奖数居全省职业院校前列。

（二）协同创新育人平台建设成效

1. 以职教联盟（集团）为途径，形成区域的集团化职业教育教学大环境。在建设期内，学校在政府主导、学校主体、行业指导、企业参与的背景下，持续推进东莞纺织服装职教集团的建设，牵头组建东莞印刷职教联盟、东莞机电职教联盟、东莞现代商贸服务职教联盟及东莞电子信息职教联盟，以五个职教联盟（集团）为平台，营造具有东莞地方特色的区域集团化职业教育教学大环境。根据职教联盟（集团）的发展规划，学校定期召开联盟工作会议，制订职教联盟（集团）联席会议制度、工作方案及相关管理制度；依托职教联盟的企业资源，成立东莞虎门纺织服装培训分院和电子商务培训学院，开展相关培训工作，建设校企协同育人专家库，首批入库专家共有 39 人，2018 年筹建东莞市学前教育研训与评估中心，实现东莞市学前教育专业发展与规划工作系统研究 0 的突破。学校逐渐形成了"运行机制有创新、资源共享有成效、合作育人有特色、合作项目有成果、社会服务有影响"的集团化工作方式。

经过五年的建设，学校搭建了职教联盟（集团）竞赛平台，承办 2015 年首届东莞市服装设计师职业技能竞赛，提高了纺织服装职教集团和学校的社会影响力。

2. 以双向学习为契合，形成以"学"为主的产教合作示范性教学基地（厂中校）。在建设期内，学校重点开展厂中校建设工作，先后与华为、酷派、vivo、都市丽人等知名企业合作建设校外实习实训教学基地，教师带着学生到企业中进行讲解和教学，实现专业学习与产业、岗位对接。学校拟定了《东莞职业技术学院顶岗实习管理办法（试行）》《东莞职业技术学院示范性校外教学基地管理办法》和相关评价指标等管理制度，以有效开展工作；完成4个示范性教学基地的建设工作，即北京精雕集团、东莞市网行电子商务有限公司、中海物流深圳有限公司、永发印务（东莞）有限公司，其中"网行电子校外实践基地"于2014年成为省级质量工程建设项目。每个示范性教学基地均根据建设需要制订管理制度和评价制度，编写对应的人才培养方案和教学计划，开展以提高学生学习兴趣为主，开发学生创新能力的教学模式改革工作，以培养学生的创新创业能力。厂中校也是学校"双师型"教师队伍建设的途径之一，通过厂中校的平台，专业教师可以长时间深入企业生产一线，为企业提供技术服务，提高自身的专业水平。

经过五年的示范建设，依托示范教学实训基地，校企共同开发了《物联网感知与数据采集》《变频调速电机控制》《立体仓库控制》《循迹机器人设计与制作》等73个实习实训项目，学生在专任教师和企业技术服务团队的双重指导下，完成实践学习与理论知识应用。

3. 以生产任务为驱动，形成以"产"为主的产教合作生产性基地（校中厂）。在建设期内，学校按照"校企融合、产教协同"模式整合校企双方资源，积极打造产教合作生产性基地，制订了《东莞职业技术学院校企合作企业校内实训基地建设管理办法》《东莞职业技术学院校企合作校内生产性实训基地评价指标》等管理制度；完成了四个具有示范性作用的校中厂的建设工作，即顺丰速递、安谛精密、融兴印务、朗讯汽修，四个校中厂已开发八个生产性实习岗位工种，开发四套生产性实习教学教材。校中厂贴近市场，提供先进的专业化实操性教学基地，开展专业认知、现代学徒制（试点）、工学交替、课程和教材开发、工艺和技术攻关、完成生产任务等方面的合作。

经过五年的示范建设，学校依托校中厂的工作模式，新增了电工技能、机器人仿真、智能制造中心等十七个校内实训室。"校中厂"的育人模式受到各级领导的关注和赞誉，2013年11月，教育部前副部长鲁昕带队考察学校，对学校的校企一体、工学结合人才培养模式表示高度认同，认为学校产教融合、校企合作的做法值得借鉴。2014年7月，贺定修校长及两家校企合作单位代表受邀参加"职业院校和企业学习贯彻落实全国职教会精神座谈会"，并在会上汇报了学校产教融合、校企合作等方面的经验。

4. 以就业创业为抓手，形成以"用"为主的就业创业人才培养基地。在示范建设期间，学校根据高技能型人才培养的要求，深入推进实践性教学工作，坚持按照"请进来""走出去"的开放型校企合作思路建设人才培养和就业创业基地。人才培养和就业创业基地包括校内基地和校外基地两种形式，目前学校已建设了两个校外人才培养基地（"建筑学院"和"岭南园林学院"）、一个示范性校外就业创业基地（百达连新国际电商园）、三个示范性校内人才培养与就业创业基地（"大学生超市""电子商务实训基地""东职国旅营业部"）；与深圳唐梦信息科技有限公司合作开展"SMEI 注册国际市场营销总监"培训，并打造成立"SMEI 中国高校示范基地"。

▶ "建筑学院"人才培养就业创业基地，是东莞市职业教育混合所有制办学的典型案例之一。

▶ "岭南园林学院"人才培养就业创业基地，是东莞市首个培养园林行业专业技术人才的产学研合作产业学院。

▶ "百达连新国际电商园"，为学生提供网店网页设计、网店网页维护和跨境电商实战等方面工作岗位，着重培养学生的就业创业能力。

▶ "大学生超市"，是学校人才培养与就业创业基地的典型模式，多次接待省级以上领导参观，多名店长在其毕业后的工作岗位上受到企业的好评和重用。

▶ "电子商务实训基地"，引入了多家电子商务企业进驻，由企业提供项目和产品，由学生运营，企业项目实现收入上千万。

▶ "东职国旅营业部"，与东莞国旅共建，开展订单培养，充分发挥实训教学和学生实战经营创业的双重作用。

经过五年示范建设，人才培养与就业创业基地的成效显著。"建筑学院"是东莞市职业教育混合所有制办学的典型案例之一，"岭南园林学院"则是东莞市首个培养园林行业专业技术人才的产学研合作产业学院。

5. 以服务项目为承载，形成以"服"为主的技术服务平台体系。在建设期间，学校利用校企资源和技术优势，先后成立四个技术研发与服务中心（机电一体化技术研发中心、电子信息技术研发中心、印刷技术研发中心、服装设计技术研发中心），一个政府绩效评价中心和一个社会发展服务与咨询中心。技术研发中心下组建了多个技术服务团队，与相关企业及单位开展校企合作项目研究工作，承担工艺技术革新、产品优化改进、项目成果转化等校企合作项目。各技术中心的社会服务能力不断提升，先后与 177 家企事业单位开展深度合作，各技术中心的项目团队承担工艺技术革新、产品优化改进、项目成果转化等校企合作项目 82 个，横向课题到款额 1092.14 万元，技术服务经费收入达 771.5721 万，获得授权国家发明专利 25 项，实用新型和外观专利 219 项，市级以上课题立项 230 项，专任教师主持技术开发课题到款额达 1264.7996 万元。

经过五年的建设，省级科学技术奖和省级重大科研平台，从无到有，并取得突破：省级科学技术奖方面，2017 年获得东莞市科学技术奖科技进步三等奖一项（包装印刷品金粉去除技术的研发），2016 年获得广东省科学技术奖三等奖一项（南方优势特色水果的选育及配套技术的研究、应用与推广），2015 年获得广东省农业技术推广奖二等奖一项（优质龙眼新品种东良龙眼、东丰龙眼人工杂交培育和推广应用）。2017 年，学校三个工程技术中心被认定为"广东省工程技术研究中心"，分别是：广东省纺织行业智能检测（东职）工程技术研究中心、广东省智能家居系统工程技术研究中心、广东省户外家具工程技术研究中心。

6. 以提升社会服务能力为目标，建设社会发展及公共服务咨询中心。在建设期内，学校于 2014 年开始论证社会发展及公共服务咨询中心和政府绩效评价中心的建设工作，两个中心于 2015 年正式成立，组建了四个服务团队，为政府和企业提供咨询服务，在建设期内开展多项科技服务咨询、公共服务社会调查等合作项目。

经过五年的示范建设，项目团队完成科技服务咨询、公共服务社会调查项目 91 项，咨询服务经费收入达 475.2275 万元。2013 年度东莞市购买社工服务经费绩效评价项目绩效评价报告获得广东省政府高度评价并呈送国务院办公厅作为政策制定参考。"2014 年度东莞市居家养老服务实施经费绩效评价项目""2014 年度寮步社会组织孵化基地专项资金使用项目""2013—2015 年度机动车驾驶员考试社会考场租赁费项目绩效评价"等项目政策建议被政府采纳。

7. 以信息共享为宗旨，搭建政校行企协同信息共享平台。学校于 2014 年开始研究探讨政校行企协同信息共享平台的建设工作，平台于 2016 年开始建设，于 2017 年建成，并进入试用阶段。平台以建设人才库、教师库、就业岗位库、培训资源库等资源库为主，定期发布成员企业对专业人才的需求信息，为毕业生的就业、校企人员互兼互聘等工作搭建沟通平台。

经过五年的示范建设，该平台建成了近 1.5 万人的人才库，收集了 3000 多家企业近 3 万个就业岗位信息，为企业提供科技服务咨询、公共服务社会调查等合作项目 173 项，有效地为职教联盟提供资源共享服务。

（三）校企合作制度建设成效

示范建设期间，学校探讨建设了"政府主导、学校主体、行业指导、企业参与"的协同创新模式，研究并建设了以实现校企双方利益为关键目标的校企深度融合工作机制，包括校企合作办学、师资队伍共建、技术服务协同、教学资源共建共享等机制内容，将满足企业参与职业教育利益诉求和有效平衡校企双方利益诉求作为突破口，建设了职教联盟（集团）、厂中校、校中厂、技术研发中心等以学校和企业为主体的校企合作平台，使校企合作由原来的"要企业参与"转变为"企业要参与"，形成了"校企双方真正受益"的"模式—机制—平台—主体"的校企合作模式，实现了"学院决策—系部协调—专业推进—教研室实施"的贯通，将原有的松散型校企合作转变为紧密型校企合作，初步形成了"政校行企协同、学产服用一体"的办学格局。

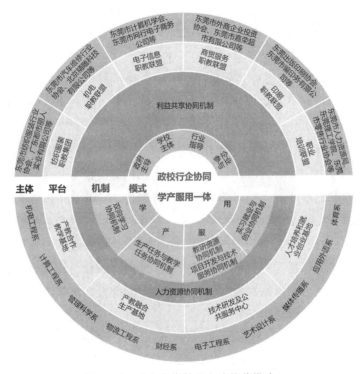

图 4-5：校企合作促进人才培养模式

1. 校企合作可持续发展，建立长效的校企合作工作机制

在建设期内，学校不断完善校企合作制度，制订校企合作工作制度和师资队伍管理制度近 20 项，明确校企师资互兼互聘的工作要求，确定校企合作办学的效益分配。校企合作办学二级学院——东莞职业技术学院建筑学院更制订了一系列的管理制度，明确了校企双方的责权利，针对各校企合作平台（厂中校、校中厂、技术研发中心等）的工作职能制订了相关的管理办法和绩效考核指标，对厂中校、校中厂开展运行评估工作。学校制订了《东莞职业技术学院"校企精准对接、精准育人"行动计划（2018—2020）》，以加强校企合作工作的统筹规划和发展管理，保障管理机制的可持续发展。

2. 规范职教联盟（集团）管理，制订运行机制

在建设期内，学校依托"政府主导、学校主体、行业指导、企业参与"的协同创新模式，牵头建立了五个职教联盟（集团），完成了职教联盟（集团）管理体制机制建设工作，制订了《职教联盟运作管理办法》等四套管理制度。职教联盟（集团）建立理事会工作制度，分别制订联盟章程，规范理事会的运行。每年召开一次理事会会议，强化合作意识和责任意识，每个职教联盟（集团）均定期开展运行评价工作，确保职教联盟（集团）高效运行。

（四）"政校行企协同，学产服用一体"办学模式受到社会各界关注

示范建设期间，学校出版了《政校行企协同，学产服用一体》专著，发表论文34篇。省教育研究院认为《政校行企协同，学产服用一体》的出版"对广东建设一流高职院校产生积极促进作用"。专家们认为"该模式在国内同类院校中处于领先水平，具有较强的推广价值"。

媒体报道：建设期内，学校的办学成果受到《中国教育报》《中国青年报》《南方都市报》《中国高职高专教育网》等主流媒体多次报道与宣传，引起全国广泛关注，东莞本地媒体对学校办学成果的宣传超过30次。《中国教育报》刊登了文章《东莞职业技术学院以产业为导向进行专业建设——让专业的"鞋"更合产业的"脚"》《政校行企协同 学产服用一体——东莞职业技术学院创新办学模式的实践》，《中国青年报》刊登了文章《产教深度融合，校企协同育人——东莞职业技术学院深化校企合作的探索与实践》，《南方都市报》刊登了文章《店面开进校园，东职院启动"学徒制"》。

成果体现：

（1）《关于推荐职业院校参加教育部与华航唯实、ABB、新时达工业机器人领域职业教育合作项目的通知》（教职成司函〔2016〕105号），我院入选教育部工业机器人职业教育合作项目。

（2）3个工程技术中心于2017年被认定为"广东省工程技术研究中心"，分别是：广东省纺织行业智能检测（东职）工程技术研究中心，广东省智能家居系统工程技术研究中心，广东省户外家具工程技术研究中心。

（3）被列为2018年教育部现代学徒制试点推荐单位，其中有7个专业被列为现代学徒制的试点专业。

第五章 专业群改革实践

一、专业群建设基础与成效

（一）专业群设置基本情况

学校现有专业 46 个，在校生 15000 余人，覆盖电子信息、装备制造、财经商贸、文化艺术、医药卫生、教育与体育、土木建筑、轻工纺织等十三个专业大类。其中，财经商贸大类、电子信息大类、教育与体育大类、装备制造大类和文化艺术大类的在校生人数超过千人。具体如表 5-1 所示。

表 5-1 学校现有招生专业及对应专业大类

专业大类	专业名称	在校生数	专业大类	专业名称	在校生数
财经商贸大类	工商企业管理	4064	文化艺术大类	广告设计与制作	1278
	会计			产品艺术设计	
	物流管理			动漫设计	
	金融管理			家具艺术设计	
	电子商务			服装与服饰设计	
	政府采购管理		医药卫生大类	护理	951
电子信息大类	电子信息工程技术	2320		助产	
	计算机应用技术			药学	
	物联网应用技术			康复治疗技术	
	智能终端技术与应用		土木建筑大类	建筑智能化工程技术	793
教育与体育大类	商务英语	1865		建筑工程技术	
	社会体育			建设工程管理	
	学前教育			园林工程技术	
	体育运营与管理		轻工纺织大类	印刷媒体技术	585
装备制造大类	机械制造与自动化	1756		包装策划与设计	
	电气自动化技术		交通运输大类	港口与航运管理	459
	机电一体化技术			城市轨道交通运营管理	
	数控技术		旅游大类	酒店管理	271
	工业机器人技术		公共管理与服务大类	社区管理与服务	237
	新能源汽车技术		新闻传播大类	数字出版	222

专业大类	专业名称	在校生数	专业大类	专业名称	在校生数
			资源环境与安全大类	安全技术与管理	177

学校紧跟东莞"五大支柱四大特色"产业向"智能制造＋五大新兴"产业转变的发展趋势，提升专业集聚度，重点打造了与东莞先进制造业需求侧结构要素全方位融合发展，以电子信息工程技术、机械制造与自动化等为龙头的九个专业群，大力探索专业集群发展，专业群内专业占所有招生专业的83%。当前学校专业群发展现状如表5-2所示。

表5-2　学校现有专业群布局

专业群名称	专业群包含专业	主要面向产业	备注
电子信息工程技术	电子信息工程技术、计算机应用技术、工业机器人技术、物联网应用技术	先进制造业	国家双高群
印刷媒体技术	印刷媒体技术、包装策划与设计、出版与电脑编辑技术	现代服务业	省级高水平专业群
工商企业管理	工商企业管理、会计、金融管理、政府采购管理	现代服务业	
电子商务	电子商务、物流管理、商务英语、港口与航运管理	现代服务业	
产品艺术设计	产品艺术设计、工业设计、服装与服饰设计、广告设计与制作	战略性新兴产业	
社会体育	社会体育、体育运营与管理、社区管理与服务	现代服务业	
机械制造与自动化	机械制造与自动化、数控技术、机电一体化技术、汽车检测与维修技术	先进制造业	校级专业群
建筑工程技术	建筑工程技术、建设工程管理、建筑智能化工程技术、园林工程技术	现代服务业	
护理	护理、助产、康复治疗技术、药学	现代服务业	

（二）专业群内涵建设成效

1. 建立专业动态调整机制，专业与产业契合度达95%

学校重点建设装备制造、电子信息等专业群，开设电子信息工程技术等40余个契合区域经济产业的专业，与产业契合度达95%以上。建立专业优化调整机制，一是升级改造传统专业，在东莞制造业升级、"机器换人"的背景下，升级改造机械制造与自动化、电子信息工程技术等传统专业，将信息技术、智能制造、大数据等新技术融入现有专业课程内容；二是增设新专业，为适应东莞先进制造业的加速布局与战略调整，建设期内分批新增工业机器人技术、智能终端技术与应用、新能源汽车技术等 12 个专业；三是专业动态调整，实行专业红黄牌制度，停招建设水平较低、吸引力不强、社会服务能力欠缺的专业，逐批新增专业 12 个，调整专业 5 个，停招专业 1 个。

2. 加强专业集群建设，初步形成一批重点和特色专业（群）

"十三五"期间，学校实施《大力提升专业建设水平实施方案》，积极适应新工科、新商科等建设要求，开展专业内涵建设。目前学校建成电子信息工程技术国家骨干专业，省级二类品牌专业，机械制造与自动化、计算机应用技术、印刷媒体技术、工商企业管理以及物流管理五个省级重点专业，立项建设机械制造与自动化省级一类品牌专业，物联网应用技术、会计等三个二类品牌专业。"十三五"期间，学校成为中国特色高水平高职学校和专业群立项建设单位，电子信息工程技术专业群成为全国高水平建设专业群；立项建设印刷媒体技术、电子商务、工商企业管理、产品艺术设计、社会体育五个省级高水平专业群。基于专业群集群建设，学校共获得国家级教学成果二等奖一项，省级教学成果奖一等奖三项，二等奖三项。

表 5 - 3　学校现有重点专业（群）一览表

高水平建设专业	省级重点专业	省级品牌专业	省级高水平专业群	国家骨干专业	国家高水平专业群
电子信息工程技术	机械制造与自动化	电子信息工程技术（二类）	印刷媒体技术	电子信息工程技术	电子信息工程技术
机械制造与自动化	工商企业管理	机械制造与自动化（一类）	工商企业管理		
计算机应用技术	计算机应用技术	会计（二类）	电子商务		
印刷媒体技术	印刷媒体技术	物联网应用技术（二类）	产品艺术设计		
物流管理	物流管理	包装策划与设计（二类）	社会体育		
合计					

3. 落实"立德树人"根本任务，育人成效显著提升

学校积极落实《国家职业教育改革实施方案》，以"立德"为基础，以"树人"为目标，坚持"五育并举"，将思想政治工作贯串教育教学全过程，使立德树人的根本任务融入实际的教育教学中；以《学生实践活动手册》为实践教学的载体和抓手，开展思政课程改革，实践课时达 25%。完善劳动教育、强化实践育人机制，制订《全面加强大学生劳动教育实施办法（试行）》，将社会实践、劳动教育、服务性学习等纳入学分管理；强化文化育人，人文素质教育课程学时占总学时比例增加到 26.4%，引进"尔雅"人文教育慕课年均超 150 门；建立德育基地 50 个，人文素质教育实践基地 17 个，学生年服务时数达 3 万余小时。学校"到梦空间"在全国高校排名第 33 名，广东省高校排名第 1，累计开展活动 1 万余项，近 50 万人次参与活动，录入 60 万余条成长记录。

"十三五"期间，学校就业率始终稳定在 98% 左右，本地就业率保持在 75% 左右。新生报到率连续多年稳居全省高职院校前列，用人单位对毕业生满意度为 90% 左右，毕业生对学校的满意度超过 90%。学生在省级以上职业院校学生技能大赛、"挑战杯""互联网＋"创新创业大赛中累计获奖近 600 项，其中国家级奖项 90 余项，居全省前列。根据中国大学评价课题组发布的《2020 年中国高职高专评价》，学校人才培养居全国 120 位，全省第 13 位。

二、专业群建设面临的挑战

（一）区域经济发展的转型升级

东莞正深度参与大湾区国际科技创新中心和广深港澳科技创新走廊建设，面对粤港澳大湾区、深圳建设中国特色社会主义先行示范区和东莞市建设省制造业供给侧结构性改革创新实验区"三区叠加"的机遇，以及粤港澳大湾区先进制造业中心的定位，东莞加快培育战略性新兴产业、生产性服务业、新动能产业。学校专业建设需要进一步主动服务并适应东莞经济新常态，升级专业内涵，提高人才培养的质量，弥补东莞经济新常态下的"短板"。

（二）专业（群）建设成效仍存在一定差距

与省内标杆院校深圳职业技术学院、广东轻工职业技术学院相比，学校在品牌专业、重点专业、专业群等建设上面仍存在一定的差距，在专业内涵建设，专业与区域经济产业结构契合方面还存在一定的不足。学校虽立项建设为"双高"专业群建设单位，但目前学校专业集群建设效果不明显，尚未达到"以群建院"水平，无法充分发挥资源优化调配优势。

（三）对标本科层次职业教育专业仍有一定差距

为贯彻落实《国家职业教育改革实施方案》，完善现代职业教育体系，推进职业教育治理体系和治理能力现代化，教育部研究制定了《本科层次职业学校设置标准（试行）》《本科层次职业教育专业设置管理办法（试行）》。学校及各专业对标本科层次职业教育专业的师资条件、专业办学条件、技术研发与社会服务能力等还有一定的差距。

三、指导思想与发展目标

（一）指导思想

指导思想：以习近平新时代中国特色社会主义思想为指导，牢固树立新发展理念，贯彻落实《国家职业教育改革实施方案》，国家、广东省、东莞市教育发展"十四五"规划，围绕建设具有东莞特色的全国一流职业技术学院的战略目标，面向东莞大湾区先进制造业中心的战略定位，对接国家、行业、区域发展需求，落实学校"双高计划""提质培优"建设任务，开展专业群优化建设，试点本科层次职业教育，将东莞职业技术学院打造成高素质技术技能人才培养高地。

（二）建设目标与思路

建设目标：全面适应以新一代信息技术为核心的新一轮科技革命和产业革命的特点及发展趋势，以及东莞经济社会高质量发展需要，面向大湾区高端产业和产业高端，至2025年，学校招生专业保持在50个以内，本科层次职业教育试点专业3—5个。建成全国高水平专业群1个，全国知名、省内领先、特色鲜明的高水平专业群6个，在全国高职院校中起到示范引领作用。

——优化专业群结构。服务东莞粤港澳大湾区先进制造业中心定位，面向大湾区高端产业和产业高端，结合学校专业（群）发展历史、优势、特色与定位，聚焦智能装备制造、电子信息、经济管理、数字创意设计等产业集群，以新一代信息技术融合、改造、定位升级专业，积极发展与数字经济、智能制造等关联的新兴专业，全力打造"1＋6＋N"个与东莞"以数字经济为引领、'智能制造＋'为核心"的现代产业体系相适应、集群优势明显的高水平专业群。

——完善专业动态调整机制。健全对接产业、动态调整、自我完善的专业建设发展机制，促进专业资源整合和治理优化，发挥专业群的集聚效应和服务功能，实现人才培养供给侧和产业对人才需求侧结构要素全方位融合。通过监测专业（群）招生情况、就业质量、教师发展、社会服务、综合实力等情况，适时对专业实行调、停、并、转，至2025年，全校招生专业保持在50个以内。

——全面深化专业群内涵建设。推进专业群与产业集群融合发展，全面实施校企双向双主体育人，集聚资源、夯实基础、凝练特色、培育品牌、提升核心竞争力。适应新时代教学方式与学习方式变革的需要，开展"深化课程改革，推进课堂革命"的专业群"教师·教材·教法"改革，实施"资源强校"，打造适应东莞现代产业体系建设的技术技能人才培养高地。

——完善现代职业教育体系。对标职业教育本科层次专业设置要求，继续加强师资条件、专业办学条件、技术研发与社会服务能力建设，推动中高衔接、高本协同育人，申报本科层次职业教育专业试点3—5个。

四、建设任务

（一）服务东莞先进制造业中心城市定位，持续优化专业（群）结构

面对粤港澳大湾区、深圳建设中国特色社会主义先行示范区和东莞市建设省制造业供给侧结构性改革创新实验区"三区叠加"的机遇，学校紧跟东莞产业"五大支柱四大特色"向"智能制造＋五大新兴"转变的发展趋势，提升专业集聚度，重点打造与东莞先进制造业需求侧结构要素全方位融合发展，围绕电子信息集群、智能制造集群、数字创意设计集群等七大集群，以电子信息工程技术、机械制造及自动化等为龙头的高水平专业群，以印刷媒体技术、产品艺术设计等为主干的特色专业群。通过"以群建院"，学校进一步整合专业资源及结构，促进二级院系调整，持续优化专业结构。学校旨在适应产业数字化、网络化、智能化发展，优化专业布局，淘汰旧专业，到2025年，专业总数保持在50个以内，新增人工智能技术应用、智能制造装备技术、大数据技术等专业12个左右；围绕技术技能人才培养核心，修订专业动态调整机制，关停招生情况不佳、人才培养质量不高、师资力量不足、校企合作不深入的红牌专业5个左右，升级黄牌专业，调整未入群专业。

表5-4　2025年学校专业群布局

序号	专业集群	专业群名称	专业群包含专业名称（代码）	主要面向产业	建设目标	专业群类别
1	电子信息技术类	电子信息工程技术	电子信息工程技术、计算机应用技术、工业机器人技术、物联网应用技术、智能产品开发与应用	先进制造业	国家高水平专业群	重点专业群
2		人工智能技术应用*	人工智能技术应用*、大数据技术*、移动应用开发*	先进制造业	—	特色专业群

序号	专业集群	专业群名称	专业群包含专业名称（代码）	主要面向产业	建设目标	专业群类别
3	智能装备制造类	机械制造与自动化	机械制造与自动化、数控技术、机电一体化技术、智能制造装备技术*	先进制造业	省级高水平专业群	重点专业群
4		新能源汽车技术*	新能源汽车技术、新能源装备技术*、新能源汽车检测与维修技术*	先进制造业	—	特色专业群
5	数字创意设计类	印刷媒体技术	印刷媒体技术、包装策划与设计、数字出版、传播与策划*	现代服务业	省级高水平专业群	特色专业群
6		产品艺术设计	产品艺术设计、服装与服饰设计、广告设计与制作、数字媒体艺术设计*	战略性新兴产业	省级高水平专业群	特色专业群
7	经济管理类	工商企业管理	工商企业管理、会计、金融管理、政府采购管理	现代服务业	省级高水平专业群	特色专业群
8		电子商务	电子商务、物流管理、商务英语、港口与航运管理、国际经济与贸易*	现代服务业	省级高水平专业群	特色专业群
9	教育与体育类	社会体育	社会体育、体育运营与管理、社区管理与服务	现代服务业	省级高水平专业群	特色专业群
10		学前教育*	学前教育、早期教育*、婴幼儿托育服务与管理*	现代服务业	—	
11	城市生态环境类	建筑工程技术	建筑工程技术、建设工程管理、建筑智能化工程技术、园林工程技术	现代服务业	—	特色专业群
12	卫生健康类	护理	护理、助产、康复治疗技术、药学、社区康复*	现代服务业	—	

注：*为拟新增专业

（二）坚持校企合作，深化"双核双螺旋，双向双主体"高素质技术技能人才培养模式

学校坚持工学结合、知行合一，适应新技术、新产业、新业态、新模式，对接科技发展趋势，面向高端产业和产业高端，全力推进新时代技术技能人才核心素养与专业核心技能螺旋递进的"双核双螺旋"融合培养模式，以及基于企业真实项目的校企"双向双主体"培养机制，构建高水平技术技能人才培养体系；研制"四双"人才培养方案、实施标准和运行机制。

适应学分制改革，学校构建基于专业群的"三类五层"课程体系；科学规划

"素质类、专业类、拓展类"三类课程，切实抓好"公共基础课—通识课—专业群平台课—专业核心课—专业群拓展课"五层课程建设，强化课程思政等元素，突出以就业为导向，坚持能力培养的核心地位，加强专业群课程融通，构建"基础共享、模块分立、拓展互融"的"平台＋模块"的特色专业群课程体系。

学校申报省级教学成果奖 8 项，省级教学改革项目 30 项。

（三）实施"八个一批"，推进面向数字时代的"教师·教材·教法"改革

为适应新时代教学方式与学习方式变革的需要，学校开展"深化课程改革，推进课堂革命"的专业群"教师·教材·教法"改革，打造适应东莞现代产业体系建设的技术技能人才培养高地；以质量工程为引领，通过"八个一批"建设任务，升级专业内涵建设。

建设一批课程思政示范课程。全面落实《东莞职业技术学院推进课程思政实施方案》，建设省级课程思政示范课程 10 门以上，思想政治课程 1 门以上，国家级课程思政示范课程 1 门以上，优秀案例 2 个以上。

建设一批项目化示范课程。坚持以成果为导向的理念，引入企业真实项目或典型工作任务，开展课程模块化项目设计，累计建设 50 门项目化示范课程。

建设一批精品在线开放课程。以公共基础课、专业群平台课、专业核心课、创新创业课程为重点，建设适合"互联网＋"的精品在线开放课程。新增省级精品在线开放课程 15 门以上，国家职业教育精品在线开放课程 5 门以上。

建设一批课证融通课程。促进"X 证书"的标准融入专业课程标准，推进"岗证对接、课证融通"。每个试点专业开发至少 1 门课证融通课程。

建设一批专创融合示范课程。全面促进专业教育与创业教育相融合，将创新创业教育内容全面融入专业课程内容，培育省级专创融合示范课程 3 门以上。

建设一批优秀新型教材。对接技术和产业升级需求，将新技术、新工艺、新规范纳入教材，联合企业开发形式多样的活页式、工作手册式新型教材。申报"十四五"国家规划教材 5 本以上。

培育一批"课堂革命"优秀案例。适应生源多样化特点，将课程教学改革推向纵深，入选国家职业教育"课堂革命"案例 5 个以上。

培养一批优秀课程教学团队和教学能手。以教师教学能力大赛为抓手，全面提升教师教学能力。培育省级以上课程教学团队 6 个，课程思政教学名师 3 人以上，国家级教学创新团队 1 个。

（四）创新驱动，打造教师教学创新团队

以《国家职业教育改革实施方案》和《关于全面深化新时代教师队伍建设改

革的意见》为根本遵循，对标《全国职业院校教师教学创新团队建设方案》，学校建设教师教学创新团队，注重跨专业、跨界教学创新团队组建，推动实施基于职业岗位的模块化课程体系建设和项目式教学模式改革；组建校级教学创新团队13个，申报认定省级教学（创新）团队6个；组织实施青年教师教学能力大赛、教师教学能力比赛，着力打造高职教师校本培训样板。

（五）坚持产教融合，不断提升科研和社会服务能力

学校围绕专业群建设重点与方向，打造省级以上技术研发与服务平台，积极开展应用技术研发、先进技术转移及应用推广，主动面向相关行业企业开展行业从业人员和企业员工的新技术、新工艺、新规范等方面的培训和学历提升；以省级二类品牌专业标准衡量各专业群内专业的专利数量、横向课题到款额、培训人数、创新创业竞赛数量、毕业生创业率等指标，根据产业学院、技术研发中心、公共技术服务平台等建设要求，每个专业群与领军型企业、产业园区、专业镇共建1个以上"投入多元、产学合作、开放共享、资源集聚"的特色产业学院和产教融合平台，形成"平台支撑、技术赋能、双主体育人"的特色与模式，积极为当地支柱产业输送高素质技术技能人才。

服务东莞区域经济和产业，建设东莞市电子商务发展研究中心、电子商务运营服务中心、校企产教融合服务平台，学校建成东莞智能制造科普基地、精雕产业学院和海克斯康检测中心，组建工作团队，开展新知识、新技术培训和技能鉴定；建设产教融合型智能终端技术研发中心、智能终端检测工程技术研究中心和智能制造应用技术协同创新中心、东莞机器人技术服务平台，全力打造面向大湾区的智能终端技术应用与服务基地；建成智慧管理与咨询服务中心、智慧财经与金融服务中心及内部控制科技服务中心；加强学校与政府体育部门、体育产业和体育协会等紧密合作，共同实现产学研融合、创新发展，打造1个体育技能创新服务平台、4个体育产业服务中心。东莞市建筑科学研究所、东莞市建设工程检测中心、东莞市建设培训中心、东莞万科集团等与建筑学院共同打造建筑工学研一体、产教融合服务平台，打造粤港澳大湾区智能建造与服务产业技能培训基地，助力技能人才培养。学校筹建东莞卫生职业教育联盟，搭建东莞市卫生类行业、企业、院校合作平台，实现"组团发展""优势互补"。

（六）坚持育训并举，打造"学产训赛创"共享型实训基地

学校坚持产教深度融合、校企深度合作，完善实践教学条件，提升实践教学建设标准，按照专业群资源共享原则，进一步优化和加强电子信息工程技术、印刷媒体技术、机械制造与自动化等九大专业群校内外实训基地建设，努力提升专业群建设和校企合作育人水平；积极吸引社会资本，以 PPP、校企合作等组合投融资模式，面向大湾区先进制造业建设海克斯康产业学院、工业 4.0 智能制造实验室等兼具实训教学、生产应用、培训与技术服务、技能竞赛、创新创业等功能于一体的高水平专业化产教融合型实训基地；拟申报省级实训基地 5—6 个，国家级产教融合实训基地 1 个。

基于专业群共享型实践教学基地，学校打造职业技能大赛训练、承办、师资培训平台，世界技能大赛训练平台，在电子信息工程技术等领域承办省级以上职业技能竞赛。

（七）开展本科层次职业教育专业试点，完善现代职教体系建设

学校坚持深化中高职衔接、高职与应用型本科衔接试点，在办好现有中高职衔接项目的基础上，新增 2—3 个项目；新增高本衔接项目 2—3 个；在机械制造技术四年制本科的基础上，新增 2 个左右四年制本科试点，持续深化四年制高职本科层次人才培养试点，加强现有高职本科专业建设力度，毕业生综合指标逐年提升。对标《本科层次职业教育专业设置管理办法（试行）》，学校将申报 3—5 个本科层次职业教育试点专业，在工业机器人技术等专业开展工程教育专业认证。

五、保障措施

（一）加强组织领导

学校成立以分管教学副校长为组长，教务处、科研处等相关职能部门负责人、各二级院系负责人为组员的专业建设管理委员会，统筹管理学校专业建设工作。各二级院系按照"以群建院"的思想，引入行业领头企业专家、行业组织专家等成立专业（群）教学指导委员会，落实专业建设的主体责任，加强和明确专业带头人、专业负责人的职责，在专业（群）建设委员会的指导下，切实做好人才需求调研，加强与行业企业的互动与合作，努力提升教学团队的专业建设能力，确保各项任务落实到位。

（二）完善协同机制

东莞职业技术学校建立学校统筹、职能部门协同、二级院系为主体的专业群建设与管理机制。教务处作为专业群建设与管理的职能部门，负责全校专业群建设规划起草与实施，组织专业群建设项目申报、评价及验收等工作；二级院系成立专业群建设小组，负责本专业群的建设与管理工作，明确专业群负责人、专业及二级项目负责人职责，建立专业群负责人与专业负责人定期沟通机制，以绩效

目标为导向落实各项建设任务。

（三）加强专业群经费保障

学校设立专业群建设经费，根据经费类别（常规建设经费、实训耗材、实训基地建设、师资培养、质量工程、扩招生管理、现代学徒制、"1＋X证书"试点等）分年度下拨给专业群所在的二级学院。每年由各专业群根据需要编制经费预算，并分别由教务处、实训中心、人事处、科研处等会同财务处进行审核。其中校级及以上高水平专业群按每年（2—5万×专业数）拨付常规建设经费；省级、国家级高水平专业群按照上级要求及项目计划拨付经费；其他专项经费按专项经费管理办法进行拨付、管理及绩效考核。

拓展资金渠道：广泛吸引行业、企业、地方政府等深度参与专业建设，为专业建设提供充足的经费保障，力争使更多的行业企业以生产设备、奖教（学）金、捐赠等多种方式支持学院的专业建设。

规范经费使用：制订并严格执行学院相关规定，制订详细资金使用计划，跟踪过程，监测绩效。

（四）建立成果导向奖惩机制

学校积极培育干事创业的良好氛围，持续完善以成果为导向的激励机制。凡通过国家级、省级、校级高水平专业群、品牌专业验收的，均一次性进行团队奖励（凡已在省一流校、双高计划等进行奖励过的不重复奖励）。凡建设期满，未能达到建设预期效果，不能及时验收或验收不通过的，将在绩效考核、评优评先、职称职务晋升方面进行适当的惩处。

附：专业（群）与区域产业契合对应表

专业（群）名称	专业（群）代码	专业群包含专业名称（代码）	主要面向产业
电子信息工程技术	610101	电子信息工程技术（610101）、计算机应用技术（610201）、工业机器人技术（560309）、物联网应用技术（610119）	先进制造业
印刷媒体技术	580304	印刷媒体技术（580304）、包装策划与设计（580202）、出版与电脑编辑技术（660105）	现代服务业
机械制造与自动化	560102	机械制造与自动化（560102）、数控技术（560103）、机电一体化技术（560301）、汽车检测与维修技术（560702）	先进制造业

专业（群）名称	专业（群）代码	专业群包含专业名称（代码）	主要面向产业
工商企业管理	630601	工商企业管理（630601）、会计（630302）、金融管理（630201）、政府采购管理（630104）	现代服务业
电子商务	630801	电子商务（630801）、物流管理（630903）、商务英语（670202）、港口与航运管理（600308）	现代服务业
建筑工程技术	540301	建筑工程技术（540301）、建设工程管理（540501）、建筑智能化工程技术（540404）、园林工程技术（510202）	现代服务业
产品艺术设计	650105	产品艺术设计（650105）、工业设计（560118）、服装与服饰设计（650108）、广告设计与制作（650103）	战略性新兴产业
护理	620201	护理（620201）、助产（620202）、康复治疗技术（620501）、药学（620301）	现代服务业
社会体育	670403	社会体育（670403）、体育运营与管理（670408）、社区管理与服务（690104）	现代服务业

第六章 顶岗实习管理与质量监控改革实践

一、顶岗实习管理的意义

（一）探索顶岗实习管理新模式，是深入贯彻部、厅文件精神，创新体制机制的必由选择

长期以来，作为高职院校实践教学最重要环节的顶岗实习，因其分散、管理难度大等特点饱受诟病，被贴上"放羊式管理"的负面标签。近年来，"实习管理"作为职业教育的热词频繁出现在部、厅文件中，教育部先是将"规范实习管理"列为《职业院校管理水平提升行动计划（2015—2018 年）》的重点任务，随后又印发《职业学校学生实习管理规定》（以下简称《规定》）对实习工作做了详尽的要求，制定《职业学校专业（类）顶岗实习标准》（以下简称《标准》）作为基本遵循，无不说明国家层面对规范实习管理的态度和决心。由此，学校层面加强顶岗实习管理具有必要性和紧迫性。"新瓶如何装好旧酒"，从强化顶层设计、创新体制机制着手，探索顶岗实习管理新模式，成为当下高职院校研究的新命题。

（二）开展顶岗实习管理新实践，是学校落实"双核双螺旋、双向双主体"育人模式，实现"六个一流"的客观要求

"十三五"期间，学校按照"推进综合改革，实现一流治理；强化教学团队，打造一流师资；创新培养模式，建设一流专业；完善质量保障，培养一流人才；深化协同创新，产出一流成果；建设魅力校园，培育一流文化""六个一流"建设目标与要求，不断推进一流高职院校的建设。提升顶岗实习管理水平，丰富顶岗实习内涵与质态，是落实落细"六个一流"建设要求的重要抓手和集中体现。具体表现为通过强化顶岗实习管理带动院系教学治理水平整体提升；学校教师和企业师傅共同指导学生实习，实现校企师资、学生和准员工双向流动；不断诊断与持续改进实习过程管理，从而完善质量保证；师生深入产业一线解决实际问题，从而提升专业服务产业能力，进一步促进校企协同。同时，顶岗实习是培养学生核心素养、专业核心技能的重要途径，将工匠精神、创新意识、职业素养、沟通合作、人文精神等素养培育贯串人才培养全过程，内化于学生的职业态度和职业精神，促进学生的知识与技能双螺旋上升。

（三）树立顶岗实习管理新范本，对推进产教融合、赋能区域产业人才供给侧、打造新时代职业教育"东莞样本"具有重要的现实意义

当前，作为制造业之都的东莞正经历产业转型升级的"阵痛期"，产业集聚的优势同时也表现为技术技能人才供不应求的劣势。高职学生顶岗实习是专业知识技能服务产业发展的"第一站"，是高职院校服务区域人才供给最直接最有效的衔接点。如何开展多学期、分段式等多种方式的创新实践，推动校企精准发力，发掘顶岗实习管理的附加效益，切实解决企业人才"选育用留"的难题，实现企业人才储备可持续和高职学生高质量就业，是亟待研究和实践的新问题。

"十九大"以来，教育改革已从"四梁八柱"全面过渡到"内部装修"阶段，职业教育进入全新发展时期，被赋予更多新内涵。国务院下发的《关于深化产教融合的若干意见》中，明确将"强化企业重要主体作用""推进产教融合人才培养改革""促进产教供需双向对接"等作为下一阶段重点工作任务。对学校而言，主动牵手企业规范管理的同时，寻求专业对接产业提升社会服务能力，积极拓展顶岗实习的内涵和外延，校企共融共建顶岗实习新生态，成为贯彻国家深化产教融合要求的重要途径。对区域职业教育发展而言，也需要打造一个成熟先进，能示范可推广的"东莞样本"，为同类中高职院校提供可复制可借鉴的范本。

二、顶岗实习研究综述与现状分析

（一）研究综述

顶岗实习作为职业教育研究的重要课题，一直以来是高职院校的研究热点。在中国知网中以"顶岗实习"为主题搜索到的论文数量达 8200 余篇，在职业教育教学类论文中占很大比重，这些论文从管理模式改革、教学评价、促进就业、校企利益共享等诸多维度开展广泛深入的研究，为本课题提供丰富的理论和实践参考。项目负责人结合四年以来在实习管理一线的实践和反思，从校企融合到共生的视角，归纳和提炼顶岗实习质量生成的关键点，展开实证研究。同时从探索顶岗实习附加效益的维度，创新实践"一平台、双主体、三对接、四结合"的新模式，以实现顶岗实习效益最大化。

（二）现状分析

当前，随着《规定》《标准》的出台及检查、报送制度的落实，高职院校顶岗实习管理失之以宽、失之以松的现象有所改观，但分散实习多、职业相关度低、质量保证手段匮乏等共性问题依然普遍存在，大多数学校并未将实习管理作为常规教学环节加以重视和规范，或只是按既定流程按部就班完成基本的管理工作，在如何更好连接企业，促进校企共融共赢，提升实习附加效益等方面缺乏思考，对实习过程管理也未能按诊断与改进的要求贯串始终，利用信息化实现大数据管理手段缺乏，质量监控体系不够健全。

项目负责人一直从事学校实践教学管理工作，及时监测《规定》《标准》执行以来实习管理效果反馈，根据 2017、2018 年度平台运行数据制订《顶岗实习质量数据分析报告》，经对比，学生实习任务完成率、企业参与度与满意度等指标逐年提高。麦克斯发布的质量年报显示，在教学满意度调查统计中，毕业生认为母校的教学最需要改进的地方"实习和实践环节不够"一项，2016 届、2017届、2018 届毕业生的统计比例分别为 66％、63％、49％，其中认为"需要加强专业技能相关实习实训"一项，三届毕业生的统计比例分别为 88％、86％、78％，呈逐年递减的趋势。

新时期赋予实习管理新内涵，"十九大"以来，省教育厅对职业教育提出"精准对接、精准育人"的要求，归根结底还是探寻一种校企深度融合的机制，而机制的生命力依赖利益共享共赢。主要表现在以下几个方面：一是学生在实习中得到培养，综合能力得到提升，这是实习的基本目标；二是教师赴企业指导实习从而提升实践能力；三是企业输出自身企业文化的同时，培养潜在的员工和客户，师生通过发现和解决生产实践中的问题给企业带来效益。

三、顶岗实习目标和拟解决的问题

顶岗实习目标：通过开展顶岗实习研究与实践，形成校企协同育人的长效机制，极大地丰富顶岗实习的内涵与质态，提升专业服务产业发展能力，使顶岗实习成为校企协同育人的重要途径和抓手，实现"双核双螺旋，双向双主体"的人才培养模式，实现校企从融合到共生的依存关系，实现"学生、企业、学校"共赢。

借鉴教育部职成司院校发展处处长任占营来访学校时的话，项目拟解决顶岗实习五个层次的问题：

第一层次："放羊不丢羊"（确保学生按既定实习计划在岗实习）；

第二层次："羊是否能吃饱"（即学生是否按教学计划完成任务）；

第三层次："羊是否能长膘"（实习是否达到预期教学效果）；

第四层次："羊是否能卖个好价钱"（通过顶岗实习有效与就业衔接）；

第五层次："羊能否反哺草原"（服务企业发展，形成人才供给良好生态）。

四、研究与实践内容

近年来，项目组主动适应职业教育快速变革下实习管理工作的新形势新要求，将《规定》《标准》作为开展实习管理的指导文件和操作指南，坚持问题导向，因地制宜，以育人为目标，序化实习管理流程，全面强化实习管理各环节。项目研究与实践的内容主要体现在：

（一）做好部、省、市的文件解读与学习贯彻

学校高度重视部、省、市各级文件的解读和学习贯彻工作，召开专题研讨会学习领会文件精神，探讨"规定"的新特点、重点解决问题以及落实难点，研究"标准"的适用范围、关键要素及实现路径，对 2010 年广东省印发的《广东省高等学校学生实习与毕业生就业见习条例》进行比对和再解读，提炼新时期新要求；依据《东莞市职业院校定点实习实训基地认定和管理办法》，研制校外顶岗实习基地认定标准和补贴标准；同时，积极响应部、厅《关于开展职业学校学生实习管理联合检查的通知》要求，组织教学院系提前开展自查，完成学生实习信息采集并撰写自查报告，并以《教育部办公厅关于违规组织学生顶岗实习有关问题通报》为警示，确保实习工作合法合规不触犯红线。

（二）融入校企元素，完善顶岗实习系列制度

通过对部、省、市各级文件进行研讨、归纳、反馈，学校制订《关于全面加强实习管理的实施方案》，明确修订制度、制订标准、质量诊改、搭建平台等几大关键任务；随后，参照《规定》条目，结合省、市相关文件要求及学校办学实际，修订《实习管理规定》，院系制订校企共建实习基地实施办法等，注重可操作性，实现实习管理各环节均有章可循。

（三）制订专业顶岗实习标准，实现标准落地

教育部于 2016 年出台《职业学校专业（类）顶岗实习标准》，主要以规范和改进实习教学组织及实施、管理为目的，进一步明确相关专业（类）实习目标与任务、内容与要求、考核与评价等。学校对其中 30 个专业（类）的 70 个顶岗实习标准进行认真比对，归纳和提炼，根据东莞产业特征和学校专业特点，完成标准中涉及学校专业的顶岗实习标准制订工作，并付诸实践，进一步规范专业顶岗实习。

（四）校企实施实习管理"TPRF"质量监控与保证体系

在前期开展教学过程与质量保证、评价关键监控点及核心指标的研究基础上，学校建立并实施"TPRF"〔目标（Target）、过程（Process）、结果（Results）、反馈（Feedback）〕质量监控与保证体系，该体系主要包含：校企联合的目标与过程监控机制；学校、企业、社会（第三方）参与的多元质量监控与保证体系。质量保证体系内涵如图 6-1 所示。

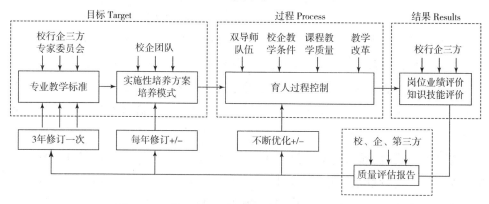

图 6-1　校企实施"TPRF"质量监控与保证体系

（五）校企共治改进"乐习在线"实习管理平台

针对顶岗实习较为分散、管理难度大等特点与问题，学校开发基于云计算和移动技术的"乐习在线"实习管理平台，平台集"实习实训协同、校企互动教学、即时通信"等功能于一体，具有精准定位、即时互动、数据统计等功能模块，能够促成学校、企业、指导教师、学生有机联结，多角色协同教学与管理，实现实习全过程可视可控，达到信息传递实时化、实习监控动态化、统计分析专业化、成绩评定过程化和管理主体多元化的实习管理要求，彻底改变以往顶岗实习"放

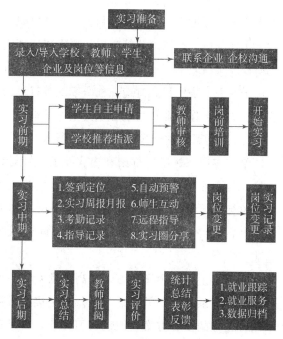

图 6-2　"乐习在线"实习管理平台功能图

羊式"管理的局面。同时，"乐习在线"实习管理平台主动对接人才培养工作状态数据采集，确保校内外实践教学基地、顶岗实习等关键指标的实时性和有效性。

五、实施过程设计

学校全面贯彻十九大职业教育的新精神新要求，深入学习解读《国务院办公厅关于深化产教融合的若干意见》，对如何落实"强化企业重要主体作用""推进产教融合人才培养改革""促进产教供需双向对接"进行再思考和顶层设计；同时，理论与实践相结合，下沉二级院系开展调研，对实习管理存在的新问题探寻新思路和新做法；根据《广东省教育厅关于进一步加强高职院校学生实习管理工作的通知》要求，制订2019届顶岗实习方案，完成实习信息采集，落实顶岗实习任务。

在2019届顶岗实习过程中继续沉淀实践经验，贯彻《规定》细则，校企精准对接，提升管理的水平和内涵，积极探索提高顶岗实习附加效益。同时注重质量保障，实习全过程贯彻诊改的思路与做法。具体步骤有：

（一）优选实习单位，实现精准对接

学校充分利用东莞产业集聚优势，积极牵手本土旗舰型企业合作育人。学校重点参考企业提供实习岗位数量和质量、学生职业发展前景等指标，通过行业协会推荐、实地调研、现场洽谈等方式，择优遴选规模企业作为校企合作伙伴。同时扩大优质校外实践教学基地规模，通过中海物流、东莞铭丰、嘉荣超市、捷联科技、网行电子商务、华中科大制造工程研究院等省级校外实践教学基地的带动和辐射，挖掘更多优质合作企业作为校外顶岗实习基地，签订合作协议，专业精准对接企业。

（二）落实一企一案，实现精准育人

学校按照《标准》框架和内容要求，针对典型学生集中实习企业和典型实习岗位，与企业共同制订顶岗实习方案。学校注重引入企业职工内部培训体系、职业岗位标准、考核要求、指导教师配备等到实习方案制订中，方案上传"乐习在线"平台，经"专业、院系、教务"审核后公布，学生在动员会后自主选择企业。

鼓励学生集中顶岗实习，提高分散实习门槛，学生申请单独顶岗实习需经指导教师、院系领导、教务处审批。对于接受分散实习的企业，也要求根据学校要求制订完整的实习方案，明确实习任务、要求等，经审核同意后方可执行。

（三）应用信息技术，实现精细化管理

学校依托"乐习在线"的签到定位预警、周报月报批阅、指导记录等模块功能实行全过程管理。要求学生每天签到时同步上传地理位置，位置异常信息直接推送指导教师手机端；指导教师通过批改周报月报，实时掌控学生实习动态，并通过下企业、电话、微信等方式完成对学生实习问题、毕业设计的指导。学校对学生出勤、实习任务完成情况、教师指导情况做到可视化管理，将"制度管人、流程管事"落到实处，杜绝"放羊式实习管理"现象。学生在平台上展示实习成果，校企导师对其进行综合评价，促进学生学习动机形成，提升实习效果，转化实习成果。

（四）建立诊改制度，切实保证质量

全面加强顶岗实习质量监控。通过落实院领导重点走访、教务处与督导室定期巡查、院系全程监控、指导教师全面负责等方面的工作，对学生顶岗实习质量进行监控，并及时收集编著《顶岗实习督导专刊》《实习集锦》等。

建立顶岗实习诊改制度。落实诊改台账制度，要求二级院系、专业针对质量诊断中发现的问题，定期反馈改进效果，撰写自查报告并进行评价。

注重利用"乐习在线"平台监测数据，对学生实习任务完成率、企业参与度与满意度等进行调查，对专业、实习企业的工作情况进行科学分析，发布年度顶岗实习质量报告。

六、改革成效

（一）形成校企协同育人的长效机制

不断推进校企协同育人的长效机制建设，有效提升企业参与育人的积极性、参与度与成就感。一是根据企业生产周期性、业务项目阶段性、学生职业能力成长等，各专业与合作企业按照职业岗位群，精心设计顶岗实习计划、任务。二是优选、聘请实习单位技术骨干、能工巧匠为实习指导教师，同时安排优秀专业教师进企业生产一线进行锻炼和指导学生实习，实现顶岗实习校企"双导师"制度。三是与企业合作建立双方共同参与的顶岗实习监督与考核机制，对顶岗实习学生的技能水平、职业道德、职业素养、劳动态度、劳动纪律进行综合评价，校企共同评定学生顶岗实习的成绩，综合评价优秀的学生通过双向选择可直接录取为企业员工。四是按照质量诊改要求，完善持续改进的机制。学校顶岗实习管理工作规范、透明、精细，注重内涵与质量的转变与提升。

（二）丰富顶岗实习的内涵质态

项目组通过学习、研讨与宣传，使全校上下充分认识到顶岗实习工作在技术技能人才培养、双师结构教学团队建设、专业社会服务能力提升等方面的重要作用。各专业创新并实践"专业对接企业、团队对接项目、学生对接岗位"的顶岗实习模式，保证学生顶岗实习既有学习任务，又有生产任务，力求做到毕业设计、顶岗实习、就业创业三者的有机融合，极大地丰富顶岗实习的内涵与质态，全面提升技术技能人才培养质量。

（三）提升服务产业发展能力

在狠抓顶岗实习过程管理、质量管理的过程中，极大地促进专业服务产业转型发展的能力提升。一是不断提升对东莞产业的人才支撑能力。二是提升产学合作能力与水平。师生通过顶岗实习，深入生产一线，了解和掌握企业生产中的实际问题，有针对性地开展项目合作、课题研究、咨询服务。学生毕业设计、毕业论文与顶岗实习相关度、质量不断提高。

七、特色与创新

学校围绕"六个一流"建设目标与任务，积极开展产业转型期学生顶岗实习的新探索、新实践，形成了"一平台、双主体、三对接、四结合"等鲜明特色。

1. 构建了一体化网络管理平台

构建了基于云计算与移动技术的面向学校、企业、专业、教师、家长和学生的顶岗实习管理平台——"乐习在线"，有效实现了实时管理、动态监控、数据可视、成绩评定过程化和管理主体多元化。

2. 推进了"双主体"育人模式改革。

在"双核双螺旋，双向双主体"人才培养模式的探索与实践中，学校把"顶岗实习"作为其重要载体和实践重点。学生进入企业顶岗实习，就成为企业的"学徒"，按照企业学徒的培养方式进行职业岗位的轮岗培训；学校教师进入企业既是学生顶岗实习的指导教师，又是企业的工程师、中层管理干部，其深入企业一线进行实践锻炼，开展应用技术研究，解决生产实际中的问题。

3. 创新了"专业对接企业、团队对接项目、学生对接岗位"三对接模式

在顶岗实习过程中，学校创新并实践了"专业对接企业、团队对接项目、学生对接岗位"的实习管理与运行模式，校企合作持续深入，产学合作落地开花，学生就业创业成效突出，有效地提升了顶岗实习的效果与质量。

4. 实现了与"岗位成才、对口就业、双创实践、社会服务"的四个结合

　　通过校企双方进行系统化的改革与创新，顶岗实习实现了与学生岗位成才、对口就业、创新创业实践、开展社会服务四个方面的结合。学生通过基于职业岗位群的顶岗实习，全面提升了综合实践能力；毕业生在顶岗实习中激发职业认同与职业理想，通过双向选择进入优秀企业工作，提升了就业与专业的相关度；师生团队在生产实践服务一线中开展创新创业实践，拓展了顶岗实习的内容；师生通过顶岗实习开展产学合作、社会服务，延展了顶岗实习的内涵。

第七章　现代学徒制改革实践

一、改革背景

（一）现代学徒制为中国特色现代职业教育体系的重要构成

职业教育快速发展，国务院陆续印发《关于深化产教融合的若干意见》《国家职业教育改革实施方案》《关于推动现代职业教育高质量发展的意见》等系列文件，旨在深化职业教育改革，打通产业转型升级与人才供给的最后一米鸿沟，构建纵向贯通、横向融通的中国特色现代职业教育体系。

教育部于 2014 年印发《关于开展现代学徒制试点工作的意见》，这是国家层面在借鉴德国"双元制"后对国外先进职教制度的一次有益探索和尝试。本着"试点先行—全面推进"的改革思路，教育部面向地方政府、职业院校、行业企业陆续立项 3 批试点，分别聚焦政策修订、模式创新、制度改革等方面开展研究和实践，形成一批体现学徒制新内涵的政策文件、教育教学成果、产教融合案例等。

（二）学校加大职业教育改革力度，培养出一批批企业急需的产业人才

近年来，学校牢牢把握职业教育改革和东莞产业转型的契机，不断深化产教融合、校企合作，面向"双十"产业集群，精准对接华为机器、精雕机械、安世半导体、信宝检测等具有代表性的本土制造业企业开展现代学徒制试点，在育人机制、招工招生、人才培养制度标准、双导师、管理制度等方面持续加大改革力度，取得了良好的改革效果。

二、现状分析

（一）东莞高校人才培养与产业发展需求状况分析

高校毕业生是人才资源的重要组成，是体现城市竞争力的关键要素，高校人才培养与产业发展是否匹配，留用情况是否符合预期，决定了城市人力资源结构是否合理。调研项目组通过对"智通人才网"等主流社会招聘网站进行跟踪，发现我市产业的人才需求状况呈以下特点。

1. 从产业领域看，信息技术与电子信息产业人才需求最为旺盛。2020 年，

我市月均发布在线职位 8.42 万个，信息技术与电子信息产业、现代服务业、装备制造业、能源环保业、金融业、生物与新医药六大产业占全市在线岗位总量比重超过 80%，岗位所在领域呈高度集中态势。其中，信息技术与电子信息产业领域月均在线职位数达 2.94 万个，占全市在线岗位总量比重达 34.89%，需求最为旺盛。

2. 从重点企业人才需求看，技术型人才需求占比近半。以"倍增计划"试点企业为例，"倍增计划"试点企业实时在线大学毕业生职位中，研发与生产技术类和 IT 技术类等技术型岗位人才需求数量占比近半（46.93%）。为了吸引大学毕业生，倍增企业也开出了较高的工资，平均薪酬为 7326 元，其中月薪在 4000—7999 元的职位占 64.42%，8000 元以上的占 31.38%。月薪水平最高的是 IT 技术类岗位，平均为 9503 元。

3. 高校专业设置与重点产业发展方向存在一定偏离。2019 年，东莞第二产业增加值占 GDP 比重的 56.5%，但直接对应第二产业的专业布点仅占 31.9%（112 个）。其中，电子信息类专业仅 12 个，在校生数量不足 4000 人，占全市专业布点总量和在校生总量的 3.4% 和 3.2%，远低于电子信息产业在东莞 GDP 中的比重（2019 年电子信息企业增加值占 GDP 的 15.8%）。《东莞市现代产业体系中长期发展规划纲要（2020—2035 年）》提出要加快壮大新兴产业，构筑产业体系新支柱，而与东莞未来重点发展的五大新兴产业领域直接对应的计算机、电子信息、机械、材料与化学化工、医药卫生等重点专业类别的专业布点和在校生人数仅占比 34.76%（112 个）和 37.49%（4.56 万人），特别是智能制造、新信息技术、新能源、生物工程等高新产业需要的新工科专业点开设较少，只有 7 个。

4. 在校生专业结构与职能岗位人才需求结构不吻合。在莞高校专业设置中，人文社科类数量占比最高。但通过分析企业发布的在线岗位所需专业发现，人文社科类人才供应总体来看已经相对饱和，特别是财经、外国语言文学、新闻传媒与表演艺术、餐饮/酒店/旅游四类专业人才供给明显饱和。以财经类专业为例，作为在莞高校在校生最多的专业，人数达 1.9 万人，占在校生总量的 15.59%，而在线职位只占 6.14%，偏差值达到 9.45%。相对比，机械与能源化工、交通运输与物流、电子信息、土木建筑、教育与体育等专业的人才则处于供不应求状态。高校的专业设置不仅与产业需求有关，也与办学成本及学生的报考意愿息息相关。

5. 从大学生职业发展意向分析，从就业行业看，留莞发展毕业生超 1/4 进入制造业行业。2016—2019 年留莞发展的毕业生中，进入制造业行业的占比为

26.99％（1.38 万人），其中进入电气与机械设备制造业（3328 人）和电子信息制造业（2510 人）的人数较多；进入租赁和商务服务业、金融业、信息传输与软件和信息技术服务业等行业的占比也都超过 8％（4000 人）。从专业类别看，理工类学生意向进入信息技术服务业（52.13％）和电子信息产业（48.79％）的人数占比较高，医药卫生类学生意向进入生命科学与生物技术产业的占比为77.48％，理工类和医药卫生类学生更加倾向进入专业对口行业；人文社科类学生意向进入党政机关事业单位的（44.33％）排在第一位。从学历层次看，专科学生更加倾向进入中小企业发展，本科学生倾向进入大企业和党政机关事业单位，研究生创业意向更强。从薪资期望看，近半数（48.19％）受访大专学生对首次就业最低薪资期望在 4000 元以下，四成（40.65％）本科学生和研究生对首次就业最低薪资期望在 5000 元及以上。意向留莞发展的受访对象中，对首次就业的最低薪资期望在 3000—5999 元之间的占比为 83.20％。

由此可见，东莞产业结构及人才需求仍以装备制造、电子信息等行业为主，以"倍增计划"为代表的本土企业对数字人才需求旺盛，具有较强的消化能力。然而，高校专业结构与产业人才需求存在一定错位，供给侧结构性矛盾凸显。理工类专科层次毕业生就业仍倾向于对口的装备制造、电子信息制造及信息技术服务行业。

现代学徒制是一种职业教育与劳动用工相结合的制度，具备跨界属性，以"双主体育人，双重身份"为核心要素，以"交互训教、工学交替、岗位培养、在岗成才"为主要内涵，旨在建立校企无缝对接的育人机制，聚焦企业人力资源结构性供需矛盾，解决行业企业人才"选育用留"的难题，为切实推动产教融合提供可行有效的实现形式。

（二）东莞职业技术学院现代学徒制试点工作现状

1. 试点概况

学校 2015 年首次开设华为技师学徒班，2016、2018 年申报立项省级、国家级试点。学校以职业教育改革和东莞产业转型升级为契机，精准对接华为机器、精雕机械、安世半导体、信宝检测等本土规模以上企业开展改革实践，在育人机制、招工招生、人才培养制度标准、双导师、管理制度等方面持续加大改革力度，在机械制造与自动化等 14 个专业中开展现代学徒制人才培养，共培养学徒700 余名，累计投入经费 500 余万元。

表 7 - 1　学校现代学徒制试点概况

年度	省级试点		国家试点		投入经费
	专业数	人数	专业数	人数	（万元）
截至 2016 年 9 月累计	1	26			26
截至 2017 年 9 月累计	5	136			111. 7
截至 2018 年 9 月累计	7	252	3	126	226. 7
截至 2019 年 9 月累计	10	354	3	142	324. 5
截至 2020 年 9 月累计	13	447	3	151	400
截至 2021 年 9 月累计	15	723	3	153	520

2. 调研情况

学校开展企业调研，对实施现代学徒制试点以来的企业，如劲胜精密、精雕机械、安世半导体、信宝检测等展开调研，与企业管理人员和一线师傅深入座谈，探讨和研究学徒培养模式、岗位课程开发、师资双向互通的可行举措等。通过学徒培养极大地推动了校企融合。

图 7 - 1　调研现代学徒制试点企业

教务处定期赴试点企业与授课教师、企业师傅开展专题教学研讨，保证每试点每学期参与两次听课，及时掌握教师教学效果与学徒学习情况，对教学管理中存在的实践教学条件不足、学徒上岗率低等问题及时予以整改。

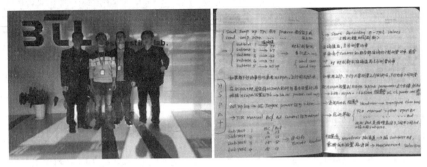

图 7-2　走访企业，调研教师授课、教师学习情况

学校通过开展座谈、问卷等形式，充分摸底和掌握学徒工作学习中的实际情况，对学徒反映的希望企业师傅加强指导、定期轮岗、改善企业食宿条件等诉求及时反馈，保证学徒乐学善学，爱岗敬业。

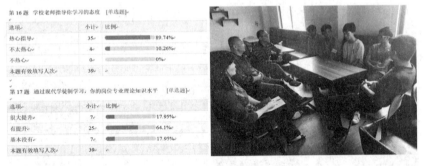

图 7-3　对学徒开展问卷、访谈

三．建设内容

（一）校企"双主体"育人机制逐步形成

学校三个试点专业（机械制造与自动化、电子信息工程技术、电气自动化技术）以签订"两份协议"为抓手，强化企业育人主体地位，逐步建立并完善校企"双主体"育人机制。

一是签订校企联合培养协议，进一步明晰双方育人责权利，三个试点专业分别与合作企业签订了《现代学徒制联合培养协议》，明确双方在育人过程中的合作方式与分工、实习实训场所和实习岗位共享共建、人才培养成本分担、权益与责任等，共同实施现代学徒制招生及育人工作。

二是搭好平台，校企各出资一半共同投入 442 余万元建成"精雕职业培训中心"，立项"精雕""信宝"两个省级校外实践教学基地。

图 7-4　现代学徒制校企联合培养协议

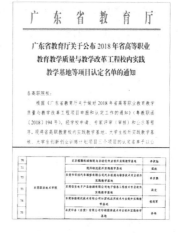

图 7-5　精雕、信宝认定为省级实践基地

三是育人成本共担，精雕投入 12 万余元用于学徒教学中的工具耗材开支，信宝电子产品检测基地的 30 余间 EMC、射频、安规实验室的 800 余台设备用于学徒日常教学，恩智浦每年投入 2 万元用于学徒奖学金发放。另外学校 2015 年即出台《东莞职业技术学院现代学徒制试点运行规程》，明确学徒学费全额拨付试点建设，累计投入 324.5 万元经费用于试点日常开支，包括教学资源建设、发放教师课酬等。校企共同累计投入 702 万元用于精雕职业培训中心、信宝电子产品检测基地建设。

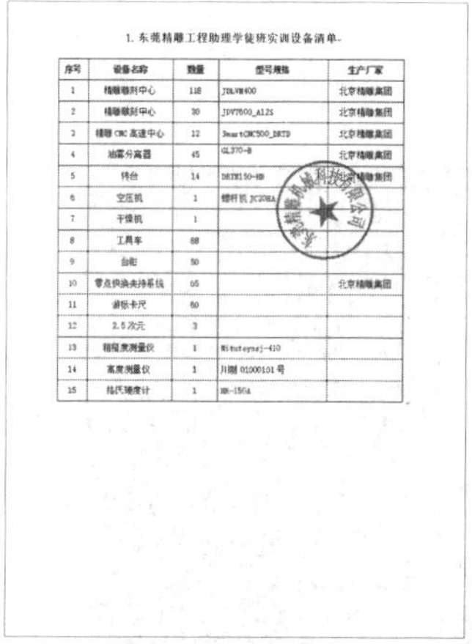

图 7-6　精雕公司投入学徒培养设备清单　　　图 7-7　恩智浦为学徒设立奖学金

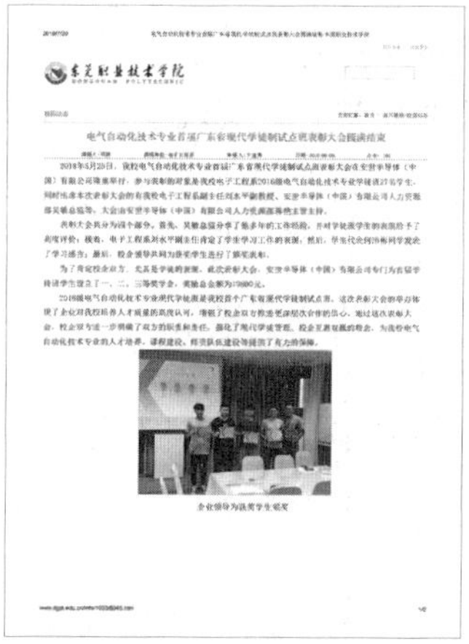

四是校企共育共评，共同研制考核评价标准，共同参与岗位课程考核评价。

五是夯实一体化育人载体。机械制造与自动化专业联合精雕公司牵头组建东莞市机电职教集团，开发网页，制订职教集团章程，召开三届职教集团会议，推动机械制造类专业校企深度合作。

图 7-8　信宝岗位课程考核评价表

图 7-9　东莞市机电职教集团批复文件

（二）校企招生招工一体化，实现学生学徒"双重身份"

三个试点专业与合作企业联合开展招工招生，一是校企联合成立现代学徒制自主招生工作小组，共同制订和实施招生招工方案，共同制订招生章程，开展招生招工宣传、考核（含面试）、录取等招生招工工作。

二是组织招生招工考试，考生经综合文化笔试和专业技能测试合格后，参加由专业和合作企业主要负责人参与的面试环节，笔试、面试均合格后，校企生签订三方协议，学生与企业签订劳动合同，实现招生招工一体化，录取考生为学校学生和企业员工，实现学生学徒双重身份。

图 7-10　校企共同制订自主招生考试方案

图 7-11　学徒及家长考察公司并签订劳动合同

三是校企按照协议和合同约定内容，为学徒购买医疗保险、工伤保险、意外伤害险等，按岗位标准发放薪酬等。

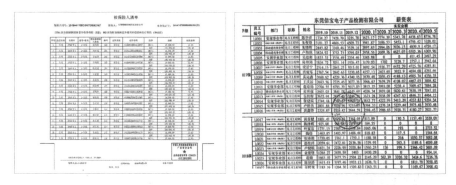

图 7 - 12　精雕公司为学徒购买保险　　图 7 - 13　信宝按合同为学徒发放薪资

（三）校企共同制订人才培养制度和标准

一是参照《教育部关于职业院校专业人才培养方案制订与实施工作的指导意见》《广东省高职院校现代学徒制实施指南》体例框架，以及《广东现代学徒制专业教学标准研制：职业能力分析》《调查与分析》等系列方法成果，本着"能力核心、系统培养"的基本原则，三个试点专业和合作企业根据标准化的路径做好人才培养方案的制订，将企业标准、职业岗位标准融入人才培养方案，研制了课程标准、岗位标准、师傅标准、质量监控标准及相应实施细则等；严格遵循供需调研—职业能力分析—课程体系建构—标准编制四个环节，开展职业能力分析会，企业专家针对岗位提出典型工作任务，依据学徒认知规律等，与课程专家共同完成行动领域到学习领域的课程转换确保了人才培养方案的质量；根据现代学徒制课程体系模块结构，开发标准化课程，尤其针对学徒岗位能力课程，制订了可行的课程标准。

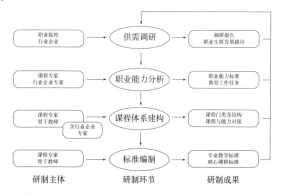

图 7 - 14　专业教学标准、课程标准开发流程

二是校企共同建设专业课程体系，开发教材，参照工作过程系统化的六个要素——职业活动导向、能力目标、项目载体、任务训练、学生中心、教学做一体化，对专业课程进行项目化课程设计，校企共同建设基于典型工作任务的专业课程体系，开发基于岗位工作内容、融入国家职业技能等级标准的专业教学内容和教材。

图 7-15　校企共同开发教材、
　　　　　工作手册、指导书

图 7-16　　信宝学徒岗位标准

（四）建设校企互聘共用的"双导师"队伍

一是建立完善校企互聘共用的双导师管理制度。学校联合合作企业共同制订了《现代学徒制双导师管理办法》，规定了选拔、培养、职责、待遇、激励、考核、奖惩等细则，建设期内 3 个试点专业共聘用 27 名企业导师，签订了校企双导师"互聘共用"协议，分别明确双导师的责任、权利、职责和待遇，颁发给企业导师聘书，按标准落实企业师傅课酬。

图 7 - 17 校企联合制订企业师傅标准

图 7 - 18 学校颁发企业导师聘书

图 7 - 19 企业颁发给学校导师培训证明

二是建立双向人才流动机制。校企双方共同制订双向挂职锻炼、联合技术研发、专业建设的激励制度和考核奖惩政策。建设期内学校累计组织 30 名校内专任教师下企业锻炼、参加岗位技能培训等。学校聘请了企业技术能手担任学徒的企业导师，企业聘请了学校优秀教师担任工程师，校企明确了双向挂职锻炼、联合技术研发、专业建设的激励制度和考核奖惩政策。学校将校内教师的企业实践和技术服务纳入教师教学工作量，并作为教师考核、职称晋升和绩效奖励的重要指标；企业将企业导师带徒工作、参与学院专业建设和课程建设纳入津贴范围，并作为考核和晋升的重要依据。

图 7 - 20 团队参加教学方法培训

图 7 - 21 专任教师到企业授课

三是通过"双向双主体"夯实校企双导师团队建设。校企依据《现代学徒制双导师管理办法》及校企双导师"互聘共用"协议，按照现代学徒制的导师标准和企业技术革新领军人才的标准，科学培育和管理校企双导师课程教学团队，通过校企双导师互相听课、导师队伍培训、共同制订课程标准和教学任务、共同参与校内课题研究、共同参与企业技术研发的方式，培养了校内专业带头人、骨干导师，培养了企业技术人员、能工巧匠，建立了一支具有训教与服务双重功能的现代学徒制双导师团队。"双导师"团队开展了职教能力、企业岗位技能、教学研究及社会服务能力培训等工作，解决了机制不灵活、人员交流不畅等制约协同育人的瓶颈问题。

（五）建立并完善体现现代学徒制特点的管理制度

学校 2015 年出台《现代学徒制试点运行规程》，对试点的申报和建设工作做出了规范性指导，成立了现代学徒制试点工作小组统筹试点运行。建设期内学校陆续修订和完善管理制度，从招生招工、教学管理、学生管理、学分制改革、考核评价、质量监控、经费保障等方面规范现代学徒制试点工作，形成了一整套体现现代学徒制特点的教学管理制度。

表 7 - 2

序号	管理制度
1	东莞职业技术学院现代学徒制试点运行规程
2	东莞职业技术学院现代学徒制日常教学管理办法
3	东莞职业技术学院现代学徒制教学工作规范
4	东莞职业技术学院现代学徒制学分制管理办法
5	东莞职业技术学院现代学徒制学生（学徒）管理办法
6	东莞职业技术学院现代学徒制双导师管理办法
7	东莞职业技术学院现代学徒制专项资金管理规定
8	东莞职业技术学院现代学徒制教学质量监控实施方案

一是规范了试点的教学管理与运行。学校制订完善了《现代学徒制教学工作规范》《现代学徒制日常教学管理办法》《现代学徒制学分制管理办法》，着重对现代学徒制课堂教学的组织形式，教学过程性文件要求以及学徒弹性学制、学分、选课、考核等方面做出具体规定。二是制订《现代学徒制学生（学徒）管理办法》，对学生（学徒）在读期间的行为等做了约束，并规定了学徒的权利和义务。三是制订《现代学徒制双导师管理办法》《现代学徒制专项资金管理规定》等配套制度，明确了教学运行中师资、经费等方面的保障机制。四是制订《现代学徒制教学质量监控实施方案》，建立多方参与的考核评价机制，建立定期检查、

反馈等形式的教学质量监控机制。

(六) 校企共建精雕职业培训中心

根据既定任务书，学校与精雕公司在建设期内投入打造集"产、学、研、赛、创"一体的"精雕职业培训中心"，投入两台五轴、两台四轴、四台三轴精密 CNC 机床，校企投入总金额 443 万，其中企业投入 252 万，学校投入 191 万，每学期承担集中实践课时 19 周，每学年实践时长 38 周，每年总使用时长达到 10 个月。学徒们借助精雕个性化定制加工平台，积极参与产品创新设计制作，取得一系列成果：(1) 参与订制个性化产品、纪念品，同时组织义卖活动；(2) 参与教师的横向项目，为散裂中子源等公司订制特殊结构的产品，横向项目收入超过 10 万元；(3) 学徒班立项省级大学生创新创业训练计划项目 5 项；(4) 学徒班参加创新创业大赛获银奖，奖金 5000 元；(5) 疫情期间助力口罩企业复工，为企业生产 KN95 口罩滚刀模配件 15 套。

四、建设成效

2016 年至今培养 700 余名学生，学校获广东省教育教学成果奖两项，省级教改课题立项六项，校级课题立项十余项，发表现代学徒制相关论文十二篇。建设期内，机械设计与自动化专业与东莞精雕持续深化现代学徒制育人内涵，面向东莞装备制造产业升级不断提升专业建设水平，校企联合申报《适应东莞产业升级的装备制造专业群"三元四驱"育人模式改革实践》项目获广东省教育教学成果一等奖，该成果获得广泛推广。

校企共同开发八个新职业岗位，解决技术难题六项，助力三个合作企业成功申报省级产教融合型企业，为破解先进制造企业高端技术技能人才"选育用留"难题探出新路。

图 7 - 22　疫情期间解决企业口罩机生产关键零件生产难题两项

师生双收，试点建设期间，学校 30 名教师、企业 27 名师傅参与现代学徒制试点建设，双师率达100％，25名校内专任教师下企业锻炼、参与教学方法与岗位技能培训等，极大提升了教师教学能力和岗位技能水平。

学徒毕业在岗平均工资达6500元以上，高出普通班学生50％—80％。学徒电工上岗证获证率95％，数控铣工（高级）获证率85％以上，学徒制学生职业技能竞赛中共获国家级奖项4项，省级奖项5项，市级奖项4项，实现了高端培养高端就业。

辐射带动：基于现代学徒制试点育人实践，学校探索出"双核双螺旋，双向双主体"的育人模式，进一步深化了校企合作、产教融合的内涵。围绕学生核心技能和核心素养双螺旋提升，学校和企业开展双主体育人，学校导师和企业师傅、学校学生和企业员工双向流动，通过交互训教，促成岗位成才。试点建设成果在校内逐步推广，学校陆续与裕同、苹果等知名行业领军企业开展深度合作，共建岗位标准、课程标准，共评教学过程，共育共管学生，形成辐射效应。

校企"双向赋能，融合共生"，助力先进制造产业快速发展。试点合作企业分属半导体制造、精密机械加工、电子产品终端检测等产业链，均为东莞高端制造业典型代表企业，学校坚持深耕区域产业，经过一个周期的现代学徒制育人实践，与企业共同开发了新岗位及标准、新型教材，并逐步探索将职业技能等级证书标准融入人才培养中，进而推动校企协同育人更深化，以提升服务区域高端产业发展的能力，培养一批卓越的技术技能人才。

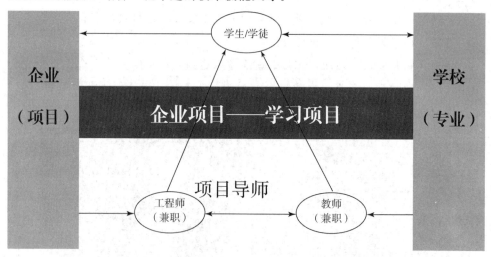

图7-23　"双核双螺旋，双向双主体"育人模式示意图

五、问题及改进

（一）存在的问题及解决思路

1. 学生对学徒、学生双重身份理解不够，企业用工与学徒培养存在矛盾。现代学徒制的基本特征是"招生招工一体化，企业员工和学校学生双重身份，校企双主体育人"，但由于生源存在不一致性，学生对双重身份理解不够，在职入学的学员，重工不重学，把现代学徒制学习当成普通学历提升；招生入职的学员重学不重工，对企业员工身份认同度较低，把现代学徒制学习当成低分入学的路径。这使得校内教师和企业导师不得不花大力气做双方的思想工作，但收效仍不明显。而企业在培养学员的过程中，由于生产需要，以及对校企共同培育理解存在误区，往往将学徒制学生当普通员工对待，遇见生产任务重的时候，往往压缩学徒的学习时间，对现代学徒制培养的认可度难以达到预计水平，教学提质难。今后现代学徒制培养将选择典型支柱产业的龙头企业或未来产业的高成长型行业、企业进行合作，同时在招考培育过程中加强契约精神、工匠精神方面的培训。

2. 宣传力度有待加大，学徒制培养模式有待于学生家长的深度认同。学生普遍希望增加在校时间，体验校园文化氛围，然而在企业与学校距离稍远的情况下，学生参与校园文化活动相对受限。在培养过程中学生长期在岗学习，需要完成枯燥的重复性岗位工作任务，一些学生缺乏韧劲和耐力，对工作缺乏精益求精的精神，由此产生岗位倦怠情绪。学校是试点实施的责任主体，针对此部分需求，要与合作单位制订和实施针对性、适应性和实效性强的人才培养方案，明确工学交替环节，不断深化"交互训教、工学交替、岗位培养、在岗成才"现代学徒制育人内涵，确保人才培养质量。

（二）国外学徒制比较借鉴

近年来，省教育厅致力于推动英国学徒制的先进模式在广东省落地开花，陆续发布了《英国学徒制2020愿景》《英国学徒制实用指南》等文件。学校重视国际化办学合作，于2018年与英国拉夫堡学院签订框架协议，旨在通过国际交流和比较借鉴，使学徒制作为一种先进办学模式在人才培养模式改革和对接东莞产业发展中发挥最大效能。2019年11月，学校组织教师团队赴拉夫堡学院调研学习，团队深入研习了雇主主导下的英国学徒制办学模式、教学设计、岗位开发等，针对学徒制在中英实践中开展了比较研究，为学校现代学徒制实践注入了更多元素，丰富了学校现行模式的内涵。

图 7 - 24　教师团队赴拉夫堡学院调研学习

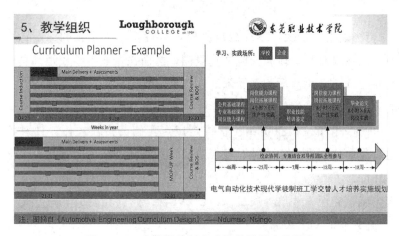

图 7 - 25　中英学徒制人才培养计划比较研究

（三）新时期现代学徒制高质量发展展望

"十三五"期间，学校紧紧围绕"湾区都市、品质东莞"及"技能人才之都"建设，面向区域"双十"产业集群，聚焦办学扩容提质，努力提升服务产业发展供给水平，以高度的责任心和使命感打造"湾区所向，东莞所需，东职所能"，成绩斐然。但我们仍需看到，东莞依然存在大专以下学历占比 75％以上、人员整体学历层次偏低、高端技能人才短缺、高等教育资源供给不足的问题。新的一年，作为东莞唯一公办高职院校，站在职业教育高质量发展以及东莞"双万"更高起点的历史机遇节点，我们仍需砥砺前行。

　　"十四五"时期，我们要以习近平新时代中国特色社会主义思想为指导，主动融入东莞"双万"新起点人才强市战略，认真落实学校"十四五规划""双高计划""提质培优""创新强校"等系列部署及安排，以立德树人为根本，以提升质量为重点，以新发展阶段现代学徒制改革为抓手，以提高服务产业发展供给能力为主线，以实现"双核双螺旋，双向双主体"人才培养模式改革创新为目标，在育人机制、招工招生、人才培养制度标准、双导师、管理制度等方面持续加大改革力度，输出管理制度、岗位标准、岗位教材等一系列高水平成果，全力打造新时代技术技能人才培养高地。

第八章　资历框架与"1＋X证书"改革实践

一、背景和意义

2019 年 6 月 17 日，教育部职业技术教育中心研究所确定了建筑信息模型 (BIM)、Web 前端开发、老年照护、物流管理、汽车运用与维修、智能新能源汽车等 6 个证书首批试点院校，同时明确试点院校开展"1＋X证书"制度试点工作需履行的职责：将"1＋X证书制度"试点与专业建设、课程建设、教师队伍建设等紧密结合，推进"1"和"X"的有机衔接，提升职业教育质量和学生就业能力。通过试点，深化教师、教材、教法"三教"改革；促进校企合作；建好用好实训基地；探索建设职业教育国家"学分银行"，构建国家资历框架等。

"1＋X证书"制度作为一项重大改革举措和制度设计，需要通过试点逐步推进，在理论和实践层面进行探索和研究。职业院校推进"1＋X证书"制度的探索，不仅对学校层面实施"1＋X证书"制度深入研究有重要意义，而且可以为"1＋X证书"制度试点工作提供重要实践案例。

二、进程和方法

学校以职业院校"1＋X证书"制度实施为研究对象，从理论研究、实证分析、政策研究三个方面开展探究。首先，研究对接培训评价组织、融入专业人才培养、改善实训教学条件、建立校内学分银行制度的实例，分析"1＋X证书"制度试点的实施路径和关键环节；其次，梳理试点院校专门机构管理"X证书"的基本职责，开展院校试点任务，探讨"1＋X证书"制度试点的保障机制、监控措施的可行性；再次，从高职教育专业的角度，探寻专业人才培养方案如何融入不同职业技能等级证书，总结出重构"课证融合，书证融通"专业人才培养体系和模式的思路，开展基于广东终身教育资历框架的学习成果互认与转换的实践。团队通过学校层面的实例研究，为职业教育推行"1＋X证书"制度和建立职业教育国家"学分银行"提出实例依据和政策建议。

三、研究实践及典型案例分析

（一）基于粤港澳大湾区资历框架实施"X证书"制度的优势分析

资历框架是终身学习体系建设的基础性支持制度，其价值是有助于实现各级各类教育的有效沟通和衔接。广东终身教育资历框架等级标准是国内第一个资历框架等级地方标准，它将资历成果分为七级，明确了普通教育、职业教育、培训及业绩相互之间的关系，并从知识、技能、能力三个维度确立了各等级的标准。参照广东终身教育资历框架（如图8-1所示），团队针对某一专业的高职教育层次"1＋X证书"进行设计，其中"1"指高职学历文凭，"X证书"指国家职业资格证书、专项证书和培训证书，统称为职业技能等级证书。试点院校在校内"学分银行"的基础上尝试与"X证书"相关的学习成果进行认定、积累和转换，支持学生根据证书等级和类别免修部分课程，对于已修过与考证内容相同的课程，则可免试部分内容。

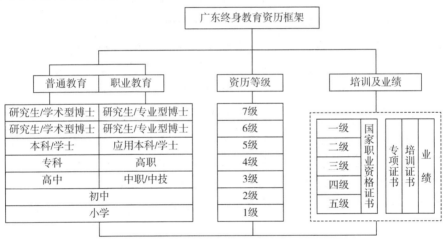

图8-1 广东终身教育资历框架

资历框架将职业证书与学历学位证书等级整合到一起，"X证书"在其中发挥了重要的作用，也架起了人才培养制度与企业聘用制度之间的桥梁，为技术技能人才打通了上升通道。"X证书"是在坚持政府主导的基础上，引导多元主体参与，根据行业企业的发展需要制订职业技能相关标准，有效建立基于学习成果的培训包。它在吸引行业企业参与职业标准建设的同时，使多元主体共同参与质量监督。

（二）东莞职业技术学院"1＋X证书"制度试点的基本情况

学校制订《东莞职业技术学院"1＋X证书"制度试点管理办法》（以下简称

《管理办法》），落实"1＋X证书"制度试点管理流程。《管理办法》提出建立学校和参训学员经常性的信息通报制度，完善跟踪管理制度，规范学员技能训练和学业考证档案管理；加强监督检查，运用PDCA（策划、实施、检查、反馈）现代企业管理方法，促进东莞职业技术学院"1＋X证书"制度试点工作的良性发展。

2019年以来，学校累计申报25个"1＋X证书"试点，覆盖专业27个，占学校专业总数的59％。其中2019年立项7个"X证书"试点，组织考证人数372人，获证204人，获证率55％（平台数据），23名专任教师参与证书师资培训，9人获培训师、考评员资质，支出经费33万元。2020年至今已完成考证人数718人，获证472人，获证率65.7％（平台数据），申报考核站点17个，累计参培教师数85人，获培训师/考评员资质73人，列支经费121万元。根据培训评价组织安排进度，各项考证工作仍在进行中。

（三）行业企业与学生对"X证书"的认可情况

"1＋X证书"制度试点工作开启至今已有两年，然而不同地方区域的行业企业对不同的"X证书"认可存在较大的差异。如在较发达的地区，行业企业较集中，"1＋X证书"制度获得更多的关注。前两批"X证书"的推广应用相对较为广泛，企业逐渐认识到"X证书"及其对应等级，如建筑信息模型（BIM）、Web前端开发、物流管理等。其中BIM技术获得全国推广，并在国家和地方层面以多种政策方式推广应用。学生进入认可"1＋X证书"企业就业的人数逐年增多，薪酬与其他未取得证书的毕业生相比有所提升，提升幅度会以所获取的"X证书"的等级为参考。"1＋X证书"制度试点工作的开展对学生考证（学习、备考等）有很大的帮助。学习的内容与职业技能标准对接，学习目标明确了，学生的学习积极性更高了。

（四）东莞职业技术学院"1＋X证书"制度试点典型案例

1. 建筑学院实施专业群课证融通人才培养模式改革

建筑学院以专业群资源集约共享方式有效重构课程体系建设逻辑，重组课程内容，解决了目前单个专业开展"1＋X证书"试点教学资源不足，教学质量不高的问题；将"1＋X证书"进行模块化课程开发，纳入专业群平台课、核心课、拓展课，如图8-2所示；按照"1＋X证书"要求，形成了一套完整的课程教学标准统筹考核评价体系，打造标准化评价制度。

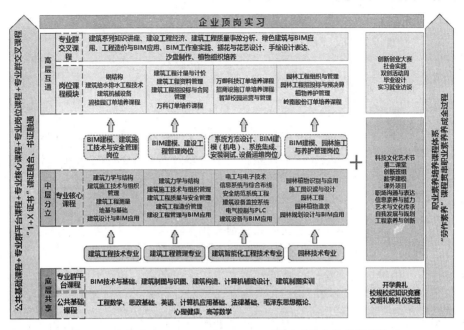

图 8-2　建筑学院"1＋X证书"（BIM）课证融通专业群课程体系

2. 建筑智能化工程技术专业实施全专业课程课证融合

建筑智能化工程技术专业所开设的 BIM 技术与工程课程，精准指向 BIM 职业技能等级（建筑设备方向）的知识目标、能力目标和素质目标，每个教学项目与职业技能等级要求对接，确保教学项目覆盖建筑设备建模进阶与优化、系统性分析、工程施工模拟、成果输出，以及项目综合实务等知识和技能。

建筑智能化工程技术专业通过 BIM 技术的全面应用，把 BIM 技术覆盖到专业核心课程的教学中，以此方式实现全专业核心课程教学的课证融合；利用 BIM 技术为专业各门核心课程的教学项目创建建筑土建及建筑设备模型，通过 BIM 技术实现对项目细部的表现以及内部的描述，三维可视化效果能够增加学生对建筑电气设备整体的体验感，帮助学生更好地理解相关课程的知识和技术应用。BIM 模型使教师在线上教学中能够有效地讲解工程项目中的系统结构、设备原理和施工过程。对于已有 BIM 技术基础的高年级学生，学校在其他非 BIM 课程中对教学使用的 BIM 模型进行深化设计，或结合教学项目需求创建新的 BIM 模型，如综合布线 BIM 模型用于信息系统与综合布线课程的楼宇综合布线教学项目，安防弱电 BIM 模型用于安全防范系统工程课程的安防监控教学项目，空调暖通 BIM 模型用于建筑设备监控系统课程的中央空调教学项目等。学校通过使用以上方式把 BIM 技术全面融入专业核心课程中，巩固和提高学生对 BIM 技术的应用能力，深化他们对专业知识的掌握。

3. "融课、融训、融赛"——电子商务专业"1＋X证书"制度实施路径探索

电子商务专业将专业课程、技能竞赛、技能实训与等级证书融合，通过"融课、融训、融赛"来保障"1＋X证书"制度实施落地。

课证融合：将初级证书的主要内容融入视觉营销技术课程之中，培养学生网店装修、产品发布和维护等基本技能，使学生能胜任电商的基础岗位；将中级证书融入网络营销实务课程之中，培养学生 SEO、SEM 和信息流推广的技术技能，使学生能胜任电商的核心岗位；将高级证书融入网店运营实务课程之中，培养学生网店规划、商品运营、流量获取和营销转化等技术技能，使学生能胜任电商的综合运营岗位。训证融合：初级证书对接基础技能实训，训练学生美工、客服等基础技能；中级证书对接岗位技能实训，训练学生的核心推广技能；高级证书对接综合技能实训，培养学生的综合运营能力。赛证融合：目前全国职业院校技能大赛高职组电子商务技能赛项内容涵盖了初级证书到高级证书的主要内容，中国技能大赛电子商务师职业技能竞赛内容涵盖了中级证书的全部内容，这两个大赛平台将赛证融合，以赛促学。

此外，2021年我校获得"1＋X"网店运营推广职业技能等级证书试点的"书证融通奖"。该证书 2020 年共有试点院校 1150 所，我校电子商务专业扎实推进 1＋X 网店运营推广证书课证融合工作，评价单位北京鸿科经纬科技有限公司从试点学校职业技能等级标准与课程标准的融合情况、培训及考核组织情况、通过率等几个维度共评选出 29 所学校，我校是广东省唯一获此殊荣的学校。

图 8-3　网店运营推广职业技能等级证书考核现场

四、反思与建议

（一）"1＋X证书"制度试点的实施路径、关键环节

1. 对接培训评价组织

每个"1＋X证书"试点对接培训评价组织的常规性工作一般进行得较为顺畅，然而，与培训评价组织开展"X证书"和标准开发、人才培养方案制订、优质信息化资源开发、创新性教学团队培育、共享性实训基地建设等的多样化、多元化合作还需要进一步推动和深挖，开辟校企合作"新"路径。在较新一批职业技能等级证书中，培训评价组织对建设主体的主要职责还需加强认识和主动对接相关工作，加快推动其"1＋X证书"试点工作。

2. 融入专业人才培养

每个"1＋X证书"试点应加深"1"与"X"的融合，实现专业教学标准和职业技能等级标准的对接，专业人才培养关键要素获得全面梳理、科学定位。然而，目前大部分"1＋X证书"试点由单一的专业牵头和单一的专业开展考证、培训等试点工作，推动力和影响范围有限。随着专业群的建设和发展，试点院校专业群资源的统筹工作需要进一步研究，以实现专业群课程内容与职业技能标准的对接。

3. 打造"X证书"师资团队

一系列研究已在关注"X"培训师的资质要求和"X证书"专业带头人、教学名师、专业骨干教师、企业兼职教师遴选机制，这些能有效丰富"双师"标准内涵，压实培训课程开发和实施责任，并且能与教师轮训制度、新教师实习制度和企业实践制度相结合。然而，自"1＋X证书"试点工作开展以来，"X证书"师资团队构建工作存在较大的难度，大部分教师忙于专业教学，仅部分教师参与"1＋X证书"试点工作，负责"X证书"相关工作的教师把主要精力花在组织学生考证、工作对接等事务中，相关配套机制和政策不完善，这些都不利于"X证书"师资团队建设。应从一些基础性制度改革入手，对承担"X证书"培训教学的教师要实施分级管理和配套奖励，将教师个人发展与"1＋X证书"制度试点结合起来，开辟教师晋升的新通道。

4. 改善实训教学条件

各个"1＋X证书"试点应根据不同的职业技能等级证书标准与考评大纲的需求，进行实训基地建设，改造实训环境，研究利用原有实习装备、开发部分培训装备、新购部分培训装备、利用现有部分软件等完成相关装备配套；探索对原

有实训基地进行升级改造,把教学型实(验)训室升级为融教学、培训、自我训练、实(验)训项目开放、职业技能鉴定于一体的多功能实(验)训室,或以新建实训基地等方式整合并盘活教学资源。然而,有部分"X证书"的考评内容与软硬件设备关联,这导致考评工作难度增加,试点院校难以开展考评工作,影响"1+X证书"制度试点工作的推进。

5. 建立校内学分银行制度

针对院校的职责分工,校内学分银行建设需要成立专门机构,制订相关支撑制度和运行机制,可以通过建立校内学分银行机制,有效推动对"1+X证书"制度试点院校的学习成果认定、积累和转换工作,学生获得的"X证书"可以折算成学分,从而实现"X证书"学分和"1"中的其他课程,甚至与本科以上学历教育阶段课程学分互换。在试点初期应先行建立和完善校内的学分替换制度,为对接国家学分银行创造条件。校内学分银行运行机制包括建立组织机制、创建工作机制、加强过程管理、设立保障机制。此外,应加强对学习成果转换工作的思考,包括总体原则、转换规则、办理流程、互认范围等。

国家学分银行学分的认定对接要以职业技能等级证书的学习成果认定和转换为重点的实施对象,扩大非学历教育学习成果的认定和转换范围,按一定标准认定和转化成学分。此外,应联合合作院校推动学分互认,在区域内同类院校之间尝试进行跨校学习。目前,高职院校开展"3+2专插本"教学,本科学生在高职院校完成本科两年的学业。然而,往往学生所注册的本科院校并非"1+X证书"试点,尽管他们在高职院校学习,但不能参加"X证书"的考评,难以获得职业技能等级的系统性培养。

(二)"1+X证书"制度试点的保障机制、监控措施

(1)保障机制

试点院校应该组建"1+X证书"试点工作管理机构,统筹资源和梳理部门职责,建立或完善涉及院校多个部门及部门内多个环节的教学和管理制度,制订试点院校"1+X证书"制度试点管理办法,落实"1+X证书"制度试点管理流程(如校内外不同培训教师的酬金体系设计、培训流程、证书获取与学分转换办法等)。试点院校与评价培训组织应共同建立健全"X证书"的质量保障机制,杜绝乱培训、滥发证,保障学生权益。试点院校应针对中央奖补资金、省级补资资金等专项资金的使用与管理,设置"1+X证书"制度试点专项经费,按学校试点项目经费及相关财务制度管理要求开支使用。

（2）监控措施

工作周报机制能有效掌握校级层面组织协调机制建设，试点工作方案制订、保障等情况，根据"1+X证书"试点工作的新进展、新问题、新建议，定期或不定期协商解决试点过程中遇到的各类问题；结合诊改工作，引入信息化手段，提高学校"1+X证书"试点工作管理机构的运行效率。然而，学校和参训学员的经常性信息通报制度有待完善，应规范学员技能训练和学业考证档案管理，加强跟踪管理和监督检查，促进试点院校"1+X证书"制度工作的良性发展。

（三）相关政策建议

建议上级部门加大对学校"1+X证书"试点在课题立项、经费配套方面的支持力度。目前学校正根据省教育厅关于继续教育质量工程的要求，组织开展资历框架、"1+X证书"制度、学分银行、示范性培训基地等相关课题的申报，希望上级部门在立项方面给予支持。另，随着可选的"X证书"数量大幅增加，学生培训与考证需求激增，对标证书考核成本论证费用，目前学校的配套经费仍存在缺口，希望上级部门通过财政补贴的方式给予经费支持。

参考文献

[1] 国务院关于加快发展现代职业教育的决定（国发〔2014〕19 号）[Z]. (2014－06－22).

[2] 国务院办公厅关于深化产教融合的若干意见（国办发〔2017〕95 号）[Z]. 2017－12－19.

[3] 国务院关于印发国家职业教育改革实施方案的通知（国发〔2019〕4 号）[Z]. 2019－02－13.

[4] 教育部、财政部关于实施中国特色高水平高职学校和专业建设计划的意见（教职成〔2019〕5 号）[Z]. 2019－03－29.

[5] 国务院办公厅关于印发职业技能提升行动方案（2019—2021 年）的通知（国办发〔2019〕24 号）[Z]. 2019－05－24.

[6] 肖凤翔，邓小华. "多中心"理念下职业教育治理主体的角色定位："中和位育"思想的启示 [J]. 高校教育管理，2018（2）：68.

[7] 陶军明，庞学光. 职业教育治理：从单维管理到多元共治 [J]. 中国职业技术教育，2016（21）：19.

[8] 南旭光. 多元共治：现代职业教育治理创新研究 [J]. 现代教育管理，2017（3）：92.

[9] 胡丽霞，李宇红. 职业院校产学研一体化：内涵、模式与机制书 [J]. 当代职业教育，2012（7）：8.

[10] 张健. 论校企合作多元主体的治理 [J]. 中国职业技术教育，2018（18）：45.

[11] 詹华山. 现代学徒制校企合作中的利益冲突与平衡机制构建 [J]. 教育与职业，2017（23）：17-23.

[12] 万伟平. 职业教育校企合作长效机制的形成机理——基于利益相关者理论的视角 [J]. 广东技术师范学院学报，2018，（5）：13-16＋22.

[13] 卢峰. 职业教育校企合作长效机制探究：基于协同创新视角 [J]. 现代教育管理，2016，（2）：106-110.

[14] 黄文伟. 职业教育校企合作主体利益冲突与政策调适：理性选择理论的分析视角 [J]. 教育发展研究，2014，34（19）：51-54＋79.

［15］方向阳，丁金珠. 高等职业教育校企合作双方动机的冲突与治理［J］. 现代教育管理，2010（9）：85-87.

［16］陶泱霖. 企业参与职业教育校企合作的动因、冲突结构与消弭之策［J］. 教育与职业，2018（23）：31-37.

［17］周建松. 落实《实施方案》系统推进高职教育高质量发展［J］. 中国职业技术教育，2019（7）：52-57.

［18］任怡平. 优质高职院校建设的时代背景、标准与逻辑主线［J］. 职业技术教育，2018，39（10）：12-18.

［19］贾文胜，何兴国，梁宁森. 教育产出视角下一流高职院校建设：背景、内涵、策略［J］. 中国职业技术教育，2019（12）：92-96.

［20］张栋科，吴婷婷，刘舒畅. "双高计划"下高职院校专业群建设的价值取向［J］. 河北大学成人教育学院学报，2019，21（4）：58-63.

［21］王亚南，成军. 高职院校高水平专业群建构：内涵意蕴、逻辑及技术路径［J］. 大学教育科学，2020，6：118-124.

［22］王惠莲. 高职院校特色高水平专业群建设的逻辑解构、关键维度及实施向度［J］. 中国职业技术教育，2020（32）：54-61.

［23］潘书才，陈向平. 中国特色高水平高职学校建设的价值主线与路径［J］. 黑龙江高教研究，2020，38（11）：113-117.

［24］李伟只. "双高计划"背景下高职院校特色专业群建设策略［J］. 中国职业技术教育，2020（5）：34-38.

［25］龚小涛，赵鹏飞，石范锋. "双高计划"背景下全面推行现代学徒制的路径研究［J］. 中国职业技术教育，2019（33）：39-43.

［26］彭明成. 中国特色现代学徒制：理论意蕴、实践路径与未来走向［J］. 中国职业技术教育，2020（21）：10-14.

［27］杨欣斌. 基于特色产业学院的校企双元育人模式探索［J］. 中国职业技术教育，2019（31）：10-13.

［28］朱涛，吉智. 产教融合视域下高职现代学徒制育人研究与实践［J］. 中国职业技术教育，2020（10）：90-92.

［29］石伟平，郝天聪. 产教深度融合，校企双元育人：《国家职业教育改革实施方案》解读［J］. 中国职业技术教育，2019（7）：93-97.

［30］娄梅. 现代学徒制破解产教融合"两张皮"难题的制度创新［J］. 中国职业技术教育，2018（34）：56-60.

[31] 马英杰，马丽斌，杜崇东. 金融管理专业试行现代学徒制的实践与探索：以石家庄邮电职业技术学院为例 [J]. 河北能源职业技术学院学报，2017，17（4）：75-78.

[32] 肖凤翔，陈凤英. 校企合作的困境与出路：基于新制度主义的视角 [J]. 江苏高教，2019（2）：35-40.

[33] 濮海慧，徐国庆. 我国产业形态与现代学徒制的互动关系研究：基于企业专家陈述的实证分析 [J]. 华东师范大学学报（教育科学版），2018，（1）：112-118＋165.

[34] 童丽，陈镇杰. 产教融合协同育人何以见成效？——基于组织承诺框架的分析 [J]. 中国职业技术教育，2019，（6）：58-65.

[35] 赵善庆. 基于企业主体的现代学徒制人才培养模式研究 [J]. 实验室研究与探索，2018，37（7）：251-255.

[36] 卢子洲，崔钰婷. 现代学徒制利益相关者治理：从"碎片化"到"整体性"：基于整体性治理视角 [J]. 现代教育管理，2018（11）：103-107.

[37] 宋福杰. 新时代我国国家资历框架构建难点与路径探析 [J]. 中国职业技术教育，2019（16）：32-36.

[38] 王海东. 国家资历框架的起源、本质及效果探析 [J]. 终身教育研究，2021，32（1）：1-7.

[39] 黄娥. 资历框架的现实意义、内涵与功能 [J]. 成人教育，2018，38（8）：9-13.

[40] 张宗辉，刘璐璐. 我国国家资历框架研究探微（上）[J]. 中国培训，2019（5）：54-56.

[41] 谢莉花，余小娟. 德国资格框架的资格标准构建：内容、策略与启示 [J]. 高教探索，2019（5）：39-48.

[42] 李静，周世兵. 1＋X 证书角色与功能定位研究 [J]. 职教论坛，2019（7）：152-155.

[43] 唐以志. 1＋X 证书制度：新时代职业教育制度设计的创新 [J]. 中国职业技术教育，2019（16）：5-11.

[44] 张伟，李玲俐. 职业院校"1＋X"证书制度实施策略研究 [J]. 职业技术教育，2019（20）：16-19.

[45] 周仕来. 高职教育实施 1＋X 证书制度的思考 [J]. 贵州广播电视大学学报，2019，27（2）：15-19.

[46] 杨堆元. 职业教育"1＋X证书"制度中"X证书"考核标准探讨 [J]. 职教论坛, 2019 (7)：54-58.

[47] 李虔, 卢威, 尹兴敬. 1＋X证书制度：进展、问题与对策 [J]. 国家教育行政学院学报, 2019 (12)：18-25.

[48] 陈丽婷, 李寿冰. 1＋X证书制度实施的意义与现实问题分析 [J]. 职业技术教育, 2020, 41 (27)：13-18.

[49] 李寿冰. 高职院校开展1＋X证书制度试点工作的思考 [J]. 中国职业技术教育, 2019 (10)：25-28.

[50] 胡宏亮. 职业教育1＋X证书制度：现实根源、实践意蕴与试点路径 [J]. 职业技术教育, 2020, 41 (22)：47-51.

[51] 谢红艳. 高职院校开展"1＋X"证书制度的思考 [J]. 现代职业教育, 2020 (43)：166-167.

[52] 柴草. 职业教育"1＋X"证书制度推进路径探讨 [J]. 常州信息职业技术学院学报, 2019, 18 (6)：4-7.

[53] 秦国锋, 黄春阳, 糜沛纹等."课证融通"视野下职业教育课程开发路径 [J]. 职业技术教育, 2021, 42 (23)：39-44.

[54] 张青, 谢勇旗, 乔文博. 1＋X证书制度下职业院校专业课程改革的方向与路线 [J]. 成人教育, 2021, 41 (8)：49-53.

[55] 巩晓花."1＋X"制度下高职院校BIM技术人才培养 [J]. 中国冶金教育, 2020 (3)：71-73.

[56] 许远. 基于"1＋X证书"的"课证融合"教材开发研究 [J]. 职业教育研究, 2019 (7)：32-40.

[57] 马铮, 龚福明. 1＋X证书制度下高职院校课程体系重构探析：以汽车检测与维修技术专业为例 [J]. 武汉交通职业学院学报, 2019, 21 (4)：51-57＋68.

[60] 东莞职业技术学院. 东莞职业技术学院省示范校自评报告 [R]. (2018-11)

[58] 共青团东莞市委员会. 关于东莞高校人才培养与产业发展需求状况的调研报告 (东团〔2021〕3号) [R]. (2021-1)

[59] 东莞职业技术学院. 教育部现代学徒制试点工作总结报告 [R]. (2020-10)

[60] 东莞职业技术学院. 东莞职业技术学院"十四五"专业群建设规划 [R]. (2021-4)